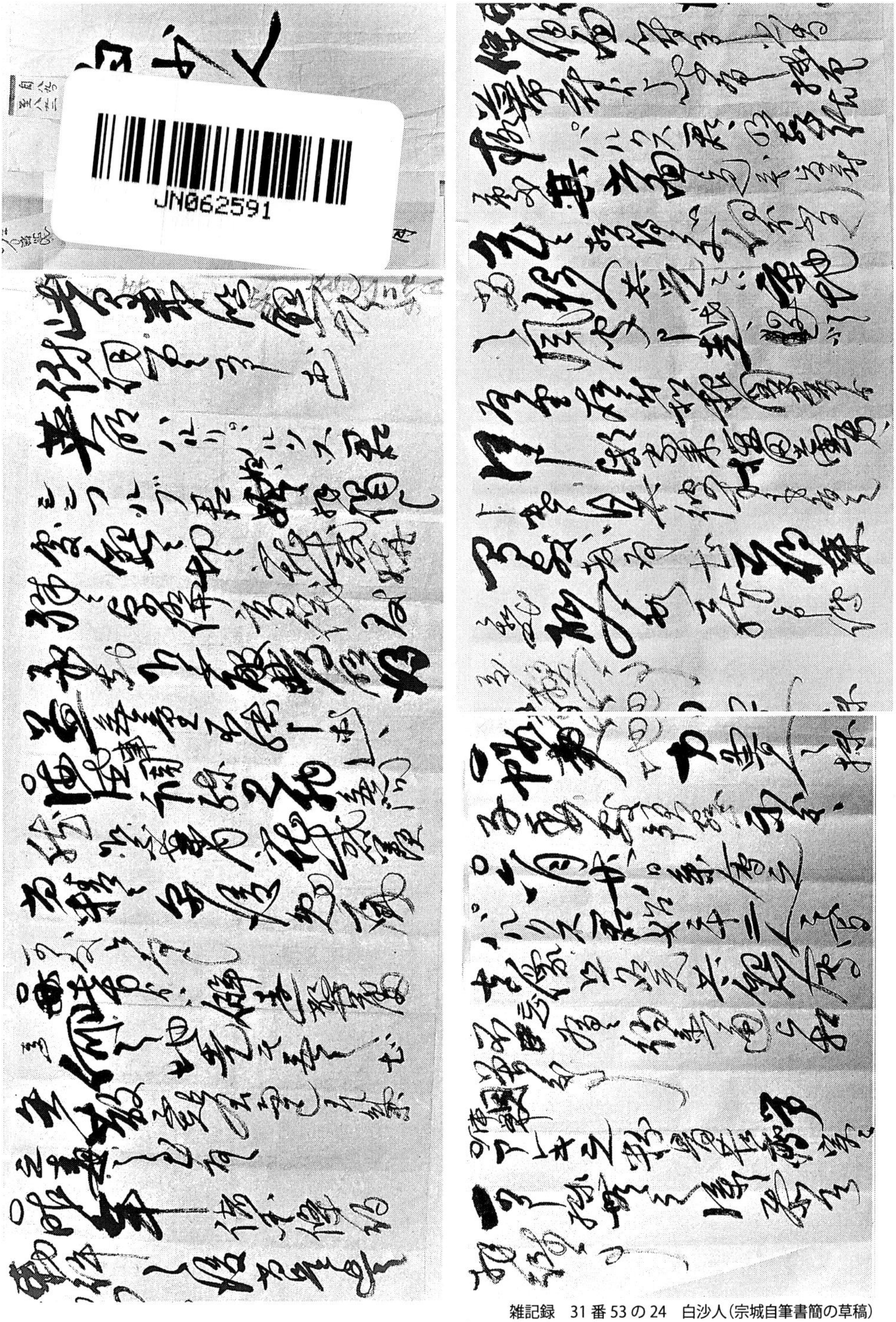

雑記録　31番53の24　白沙人（宗城自筆書簡の草稿）

「白沙人」(1)

慶応二年六月、英国シナ艦隊ヴィンセント・キング副提督指揮の旗艦プリンセスロイヤル、英公使ハリー・パークス搭乗艦サラミスと測量艦サーパント（元来は砲艦《ガンボート》）が宇和島を訪問して、英国将兵（白沙人）と伊達一家をはじめ、宇和島の士庶との広範で友好的交歓があった。パークスは宇和島上下にいささかの攘夷感情がないだけでなく、西欧文明に強い好奇心を露わにして、まるでヨーロッパ人と変わらない交流ができたことに感嘆して本国に報告している。(2)これが恐らくは宇和島藩隠居伊達宗城の西欧文明初体験であり、パークスならびにアレックスとの初対面だった。この体験が明治初年の宗城の政治活動の原点となった。

（1）宗城は、「白沙」を杜甫詩「南隣」の「白沙翠竹江村暮」から借用していると思われるが、政府に所を得ず、江南に流謫する杜甫と井伊掃部頭によって四国僻遠の地に貶められた自分を重ねている。そこへ白沙を超えて先進国人（白人）がやって来たのである。この解釈には『杜甫全集』の編著者鈴木虎雄の言う新解釈がふさわしい（『杜甫全集』三一七—三一八頁）。

（2）「kondo」英文8、和文五頁。

白沙人（宗城自筆書簡草稿）

横濱英ミニストルへ遣ス　慶應二巳六月
此間来臨懇比《ねんごろ》
謝詞万々可申述
英明ハルリパルクス君
シンフルブ君始へ拝謁候
處懇々切々不堪感嬉
殊ニ卓論高議致
承知乍不敏発明得
益無量不能申述候
○海陸軍調練見物無間
然乍不案内不堪感歎
尚精々尓後勉勵
可致と存候
○此方よりハ僻遠弊藩
ニ而何ら地走モ無之甚
失敬不都合而已にて気
之毒之至存候
○昨年諸国條約
勅許之後尚是迠之
條約面心付可申出旨
幕府より申聞有之様存候
趣パルクス君へ及密話
候處其書面ヒ見度旨ニ付
色々相尋候処何分不見
當役人共覚ニハ京地
之風聞申越候のみと
存候由右ニ付松根圖書より
江戸邸家来桜田出雲方へ
申遣候得共彼方にも有之
間敷哉存候甚不約束
ニ相成恥入候段可然ヒ申傳
度頼入候事
○蝦夷地方魯人之様
子委敷預密示度候
○六月廿八日参會之
パルクス君始二十二人之写
真像且名元共懇會
不忘爲ニ約置候通ヒ相
贈度事
○滞留中アレキ之粉骨苦労実ニ
可申様無之滲々《しみじみ》　忝く《かたじけなく》
拝謝候事

※「付録」（一五一頁）に意訳あり。

■宇和島伊達家叢書第九集■

伊達宗城公御日記

「備忘手記」明治二己巳九月五日より同三庚午

―日本近代化の基礎を築く―

「宇和島伊達家叢書」第九集の発行によせて

公益財団法人宇和島伊達文化保存会
理事長　伊達　宗信

このたび、「宇和島伊達家叢書」の第九集として、『伊達宗城公御日記　「備忘手記」明治二己巳九月五日より同三庚午』を引き続き発行する運びとなりました。

当保存会では、宇和島藩伊達家の初代藩主秀宗から九代藩主宗徳にいたる判物、系譜・系図・履歴、辞令書、建白・意見書、藩主直書、書翰・日記、及び藩政全般にかかる諸史料など、約四万点の大名家文書を保存しています。また、これらの原史料とは別に、明治以降に伊達家家記編輯所において筆写された稿本史料が、「藍山公記」と題する八代藩主伊達宗城の伝記稿本一八一冊をはじめとして一万五〇〇〇点近く残されています。宇和島伊達家叢書は、この原史料及び稿本史料から特に七代藩主宗紀、八代藩主宗城、九代藩主宗徳の時代に焦点をあててシリーズとして発行しようとするものです。

二〇一一年に宇和島伊達家叢書第一集『井伊直弼・伊達宗紀密談始末』、二〇一四年には『伊達宗城隠居関係史料』（共に当保存会評議員であった故藤田正氏が編集・校注）、二〇一五年からは当保存会前理事、近藤俊文、同前評議員、水野浩一両氏の翻刻・現代語訳・解説で『伊達宗城公御日記　慶應三四月より明治元二月初旬―慶応四年三大攘夷事件関連史料　その一―』、『伊達宗城公御日記　明治元辰二月末より四月迠　在京阪―慶応四年三大攘夷事件関連史料　その二・その他―』、『伊達宗城公御日記　明治元辰四月末より六月迄　在京阪―宇和島・仙台伊達家戊辰戦争関連史料　その一・その他―』、『伊達宗徳公在京日記　慶応四辰七月廿二日より明治元辰十月十八日着城迄―宇和島・仙台伊達家戊辰戦争関連史料　その二―』、『伊達宗城公御日記　明治元辰六月より十一月迄　在京―宇和島・仙台伊達家戊辰戦争関連史料　その三、東幸供奉日記―』、『伊達宗城公御日記　「備忘」明治二己巳暮春より―戊辰戦後の混乱と版籍奉還　その他―』を刊行しております。第九集は近藤俊文氏の翻刻・現代語訳・注・補注・文献一覧・解説・付録で『伊達宗城公御日記　「備忘手記」明治二己巳九月五日より同三庚午―日本近代化の基礎を築く―』を発刊することにいたしました。

本シリーズが宇和島藩に対するご理解を深めるために、多くの人々にお読みいただけることを願っております。

目　次

凡　例

一　伊達宗城公の直書御日記「備忘手記　明治二年九月五日より三年壬十月五日迠」（叢書⑧一一九頁図表参照）を翻刻し、現代語訳と注を付け、関連文書の「解題」ならびに本文の「解説」を付した。

一　公益財団法人伊達文化保存会収蔵史料の抽出、複写、整理、翻刻は水野浩一と近藤俊文が担当し、現代語訳、脚注、補注、解説、口絵書翰の翻刻と解説、付録の翻刻、注は近藤俊文が行った。

一　漢字は、原則として常用漢字を用い、常用漢字にないものは正字を用いた。

一　かなは、現行のひらがな・カタカナ表記とし、史料原文の「ゟ」などの合字は「より」に、「ヒ」「ホ」などの略字は「被」「等」と本字にした。

　上段の原文は、合字と略字以外は、一部を除き改行も含め正確にありのままを再現した。不明字は□で表した。ただし、読者の便を考えルビを付した箇所がある。

一　多義的に用いられている「斗」は原文ではそのままにし、翻刻・現代語訳では該当する現代用語に変換した。

一　該当箇所に収まらない脚注は、本文末に別に「補注」としてまとめた。

一　出典、引用文献は「解説」末に、それぞれの文書の略記表記で検索できるようにまとめた。略記された文言は「引用文献略記一覧」でご確認願いたい。

一　解説文などで、『伊達宗城公御日記　慶應三四月より明治元二月初旬』を『御日記①』、『伊達宗城公御日記　明治元辰二月末より四月迠　在京阪』を『御日記②』、『伊達宗城公御日記　明治元辰四月末より六月迠　在京阪』を『御日記③』、『伊達宗徳公在京日記　慶応四辰七月廿二日より明治元辰十月十八日着城迠』を『御日記④』、『伊達宗城公御日記　明治元辰六月より十一月迠　在京』を『御日記⑤』、『伊達宗城公御日記　「備忘」明治二己巳暮春より』を『御日記⑥』、本『伊達宗城公御日記　「備忘手記」明治二己巳九月五日より同三庚午』を『御日記⑦』と略記した。

一　早稲田大学古典籍総合ＤＢ　イ14A1770「悪金真價比較表」の分析については、補助資料の不足により完全なものではないことをお断りしておく（本文一九―二〇頁）。

【史料及び現代語訳】

伊達宗城公御日記

「備忘手記」明治二己巳九月五日より同三庚午

九月五日鍋島邸[1]へ越兄[2]と集
會之時両兄より当時民部大蔵[3]
両省兼卿無之[4]甚以不都合ニ付
下官[5]ニ近日可被
仰付候ニ付必御請候様先ツ内々
話置候様條岩両卿[6]より被頼候由
朝廷更ニ人ナク御当惑ニ付是非
無辞退御請申候様委曲傳言亦
心添有之故尚追而明日返答可
申旨答置候
同朩五日
◯昨夜来栄浦[7]不出来腸間閉
　塞当惑中故大病人有之云々
　ニ付両三日中猶豫の義両兄へ申
　遣候事
◯《ママ》七日
　佐賀兄より書通昨日も三條より催促
有之候故今日中両兄迠御請之内意
申越度由ニ付迚も不堪任義候得共

九月五日鍋島邸で閑叟、慶永兄と集まったとき、今は民部省と大蔵省を兼任出来る卿がいなくて、はなはだ都合が悪い。
近日私にご下命がある筈なので、必ずお請けするよう、まず内々に話しておくようにと、三条・岩倉両卿から頼まれたのだそうだ。
朝廷には適任者がいなく困却されているので辞退せず、ぜひお承けになるように、と委曲を尽したご伝言とご意見を伺ったので、なお、明日にでも返事しますと答えておいた。
同五日
◯昨夜から栄浦の腸閉塞が悪化して当惑している。大病人が出ているので、昨日の返事は二、三日待ってほしいと両兄へ伝言させた。
◯《ママ》七日
閑叟から手紙で、昨日も三条の催促があり、今日中に両兄まで受諾の内意を寄せてほしいとのこと。とてもその任には堪えないが、再度のお沙汰なので、まず一旦お請

（1）鍋島直正（なべしまなおまさ）、佐賀藩隠居、宗城義弟。佐賀兄も同人。
（2）松平慶永（まつだいらよしなが）、春嶽（しゅんがく）、越前藩隠居、永年の同志的友人。
（3）補注［一］。
（4）補注［二］。
（5）宗城本人。
（6）右大臣三条実美（さんじょうさねとみ）（『補任』一五四頁）と大納言岩倉具視（いわくらともみ）（同上同頁）。
（7）御相伴老女座上　栄浦（えうら）（『由緒書 下』四三一頁）。

再應御沙汰も候故先ツ一旦御請
可仕其末事実ふ《ママ》及愚凡微力
候時ハ辞表可差出其時ハ可然希
上置候旨両兄へ及返答候也
同朩八日
栄浦遠行ニ付依子細引(1)籠(2)
候旨弁官ニ届三條始へ及吹聴候事
同十二日
○弁官より明十三日
御用之義有之十字参
朝候様申来御請出ス
同十三日
○御用召之処所労(3)ニ付不参大
納言(4)へ自書ヲ以明日ハ押而参
内可致旨申遣候事
同十四日(5)
○十字礼服衣冠着用参
内坊城大弁(6)より左之通以
御書立(7)被相渡御請申上候

けして、後々実際に愚凡の微力で及ばなければ、辞表を出させていただく。その際にはご許容願い上げたいと、両兄へは返答しておいた。

同八日

栄浦が亡くなったので、規定があれば忌引と弁官へ届け、三条などにも報告した。

同一二日

○弁官から忌引の要はなく、明一三日に御用があり、一〇時に参内するようにと言ってきたので、お請書を出した。

同一三日

○御用召だったが、体調不良で不参。岩倉大納言には自筆の手紙で明日には無理を押しても参内すると連絡した。

同一四日

○一〇時に衣冠の礼服着用して参内。

坊城大弁から左のようなお書付を渡され、お請けを申し上げた。

（1）お相伴女中の死でも忌引の規定があれば。

（2）忌引。

（3）宗城は消化器系症状に悩まされることがままあった。

（4）岩倉具視、明治二年七月八日大納言（『百官 一』三二頁）。

（5）職員令（しきいんりょう）の官制については補注[三] 参照。

（6）公家坊城俊政（ぼうじょうとしまさ）、大弁（『補任』一五五頁）。

（7）書立て目録。

伊達従二位

任民部卿兼大蔵

右

宣下候事

太政官

○右府(1)納議(2)両職へ吹聴御禮宮内卿(3)御ちこ(4)へ申出候事

○悪貨幣御處置議候事

不決

○省へ出頭皆々一應面謁帰る

同十五日　不参

同十七日

○小丞(5)より権大録齋藤徳兵衛對州也（ママ）某申付度

伺越無別慮旨申遣候

同十八日

○今日各省卿衣服礼式抔ニ付

参集中山より被申越所労不参

同廿二日

○省へ出頭奏任(6)以下御祝

伊達従二位

任民部卿兼大蔵

右

宣下候事

太政官

○三条右大臣、岩倉大納言、参議へ報告し、宮内卿、大御乳人《おおおちのひと》へ申し出たこと。

○悪貨幣処理法を議論したがなにも決せず。

○省へ出、一応皆に謁見を許して帰宅。

同一五日　不参。

同一七日

○権大録に齋藤徳兵衛（対馬藩士）を起用する小丞からの伺いに構わないと返答させる。

同一八日

○今日中山から各省卿に、衣服・礼式などについて召集があったが、所労で不参。

同二二日

○省へ出て、奏任官以下のお祝詞を承けた。

（1）右大臣三条。

（2）大納言と参議。

（3）宮内卿万里小路博房（までのこうじひろふさ）（『補任』一六一頁）。

（4）大乳子か。正しくは大御乳人（おおおちのひと）、『叢書⑧』三頁注3と同じ間違い。

（5）中村清行（なかむらきよゆき）、三河吉田藩。大蔵小丞兼民部小丞（『人名』七〇九頁、「中村家累世墓碑」『豊橋市史別巻』三〇八－三〇九頁、『維財談』二三八頁）。

（6）奏任（そうにん）官、旧官吏等級。天皇が各大臣の奏薦によって任命、奏任以上が高等官。

詞申出承る
○参賀
○弁官坊城土方抔[1]よりサツ長土
当地之徴兵隊月俸十
両札被相渡銘々二両ツヽの
者にて難渋のよし申出候事
承候也[2]
○中村より百文銭北海道
開拓の爲鋳造大隈[3]心付
吟味の事
○飛地領分城下ニ纒メ候事
右両条承候事
○正三[4]返上の義[5]坂本小丞[6]へ
玉乃[7]より傳候よし
同廿三日出省
○申渡　　伊東長三郎[8]
任監督少佑[9]
右
宣下候事

○参賀。
○弁官坊城、土方などから、薩長土の京畿の一徴兵隊に付月給一〇両では、兵隊それぞれに二両ずつとなり、難渋していると申し出があったと承った。
○中村小丞から北海道開拓のために、百文銭鋳造の要請があった。大隈がよく検討して指示を与えるように。
○各藩の飛地は領分の城下の土地にまとめること。
右両条も承った。
○正親町三条刑部卿の過払い返上の件は玉乃から坂本小丞に伝えたそうだ。
同二三日出省
○申渡し　　伊東長三郎
任監督小佑
右
宣下候事

(1) 土方久元（ひじかたひさもと）、土佐藩。中弁（『補任』一五五頁）。
(2) 補注［四］。
(3) 民部・大蔵大輔（たいふ）大隈重信（おおくましげのぶ）、八太郎（やたろう）。
(4) 正親町三条実愛（おおぎまちさんじょうさねなる）、嵯峨（さが）実愛。刑部卿（『補任』一六〇頁）。
(5) 刑部省に官禄の過払いがあり、返済されるまでは官禄が停止されていた（『嵯実日三』一四三頁）。
(6) 坂本三郎（さかもとさぶろう）、政均（まさひら）、幕臣。明治二年五月会計官権判事（「官員録②-1」一丁）、六月会計官権判事（「官員録②-3」一八丁）、九月大蔵省小丞（「官員録②-4」）、三年二月造幣司小丞（「渋沢日」三年二月

○若松巡察使[1]より九月十三日便
三策[2]中立候事 原田對馬等事情アリ
星の齋持参
同廿四日省出
○昨夜今朝門へ張訴[3]聴訟へ下ル
○夏[4]を貨幣極印彫刻可申
付大阪へ下シ候様申来候処此頃
印剣金物御用中ニ付岩倉へ及
懸合候事
○田安領村々愁訴[5]之義甲府
懸(ママ)より申越候事
○若松表大参事　島精一郎[6]
同所　巡察司(ママ)　桃井八郎[7]
○民政　○巡察　○軍務　三路と出る
○越後清崎藩打潰蜂起[8]二千斗也
○九月十四日發伊那懸(ママ)届
塩尻局下騒擾[9]粗鎮静大参事
白井逸蔵[10]［松本藩接境加勢
出張取リ調候事

○若松巡察使から九月一三日付手紙で、原田対馬などの事情について、三策を申し立てた。星の齋が手紙を持参した。
同二四日出省
○昨夜から今朝の間に門に張訴があり、刑部官の聴訟の掛へ下げた。
○加納夏雄に貨幣の極印彫刻をさせるため大阪へ下すようにとの依頼だが、今はお召剣の金物細工中なので、岩倉に掛け合ったこと。
○田安領村々に起きた愁訴について甲府県から報告があった。
○若松県大参事　島精一郎
同所巡察使　桃井八郎
○民政　○巡察　○軍務　三路にわたる。
○越後清崎藩の二千人位が蜂起して打壊《うちこわ》し。
○九月一四日発の伊那県届け。
塩尻局の騒擾は粗々《あらあら》鎮静化した。
伊那県大参事白井逸蔵（松本藩が接境加勢した）が出張して実情を調査した。

九日第二巻二三四頁）。後の大審院判事か（『日近履』二三九頁）。

（7）玉乃東平（たまのとうへい）、世履（よふみ・せいり）、岩国藩。二年五月には会計官判事試補（「官員録②-2」二一丁）。三年二月聴訟小丞（「渋沢日」第二巻二三四頁）。

（8）伊東長三郎（いとうちょうざぶろう）。「官員録②-1—②-4ならびに③」に伊東長三郎の記載なし。

（9）監督司は二年民部大蔵省に設置され、翌年民蔵分離後も大蔵省で維持。一二月に監督司職制が定められ、本省内外の事務すべてを監視督察するとされた。京都、大阪、横浜に支署を設置（「ア歴グ」）。

○玉乃分課内話
同廿五日出省
○宮内省より岩倉へ申遣候夏雄
下阪之義御用中候得共不苦
旨返答申来候也当年中と宮内申置候事
○政府可申立け条中村より承
　水原懸《ママ》(1)ヲ被廢新潟
　懸《ママ》ヲ被置度
　　但外国人よりも開港場
　　關係役人無之苦情
　　　申立候よし
○岡谷鈕吾(2)より若松事情承
　候事
○庄内飽海郡並田川郡八十五ケ村
以想《ママ》代旧主(3)献金ニ付爲
報恩出金助力申度ニ付当分
旧主御領地之歎願出ス(4)
○松山(5)より以想《ママ》代弥三郎分割
御猶豫願出候事

○玉乃世履に分課の密話をする。
同二五日出省
○岩倉にかけ合った夏雄下阪のこと、皇室のご用中でもかまわない旨の宮内庁の返答があった大阪ご用は今年中に済むと宮内省へは言っておいた。
○中村清行から政府へ申し立てるべき個条を聞く。
　水原《すいばら》県を廃して新潟県を置かれたい。
　但し、外国人からも開港場に渉外役人がいないとの苦情を申し立てている模様だ。
○岡谷鈕吾から若松情勢を承った。
○庄内飽海郡《あくみぐん》と田川郡八五カ村の総代が旧主酒井忠匡の献金について、報恩の出金で助力したいので、当分旧主の領地安堵の歎願書を出した。
○松嶺藩が総代弥三郎を立てて、旧主移封分割の猶予を願い出た。

◎7頁注
（1）補注［五］。若松巡察使は桃井八郎（次頁注7）。
（2）翌二四日記事「民政、巡察、軍務」の三路を指しているか。
（3）「はりそ」。門などに訴えを書いて貼ること。
（4）加納夏雄（かのうなつお）。彫金師。この時明治天皇佩用太刀惣金具を彫刻。同年から大阪で鋳造貨幣の図案調整（『人名』二八九頁）。
（5）甲斐田安領騒擾の始まり（『明農騒一七六―一七九』）。補注［六］。
（6）豊後府内藩島精一郎（しませいいちろう）、維精（いせい・これきよ）、二年五月民部省筆生（「官員録②-2」）、民部小丞、盛岡県参事、岩手県令、内務省土木局長歴任（『幕維人』四八七頁）。

同廿八日
○浅間嶽(1)当月五日大鳴動御影(2)局辺之戸障子へ響き十二日朝ハ御影ヨリ半里程ヲ隔候辺迄焼灰降り農民之笠之上へ積り十五日夜ハ亦大鳴動十六日朝晴天の所黒烟リ天ヲ突立昇リ其形勢岳ヲ掩ひ膽ヲ冷シ候由
○爲救荒当年粗十分之一各懸《ママ》にて貯置候様廣澤(3)より申来候事
○運送船發起(4)之事卿より承る
○一昨廿六日服古《ママ》賞典(5)アリ
○今日慶喜始仙米南等夫々謹慎被免候事
同廿九日
○奥按察府(6)より文通
○去ル七日白石城ト近傍刈田

同二八日
○浅間山今月五日大鳴動して、御影局周辺は戸障子に響き、一二日朝には、御影から半里ほど隔てた辺まで、焼灰が降って農民の笠の上に積もり、一五日夜にはまた大鳴動。一六日朝は晴天なのに黒煙が天に衝き立って昇り、それが全山を覆って肝を冷やしたそうだ。
○長雨などによる救荒のため、今年の収米の一割位を各県で貯蔵するように、広沢民部大輔が言ってきた。
○運輸船製造、または購入の計画を卿から承った。
○一昨二六日王政復古記念の賞典があった。
○今日徳川慶喜はじめ仙台、米沢、南部旧藩主などの謹慎がそれぞれ解かれたこと。
同二九日
○奥羽按察府からの文通、
○去る七日、白石城と近傍刈田郡の百姓ど

（7）二年五月には民部官書記（「官員録 ②-2」一七丁）、同年七月官制改定以降は民部大蔵小録（「官員録 ②-4」一四丁、伊達家文書「書翰類 一八」三二丁では若松巡察使）。
（8）清崎藩と改名された糸魚川（いといがわ）藩で、太政官札、贋造二分金流布への不満と物価騰貴による打ち壊しが起こった（『明農騒』二一〇—二一二頁）。
（9）会田（あいだ）・麻績（おみ）騒擾。悪金、太政官札、米価高騰などが誘因とされている（同右書一三九頁）。
（10）二年五月には信濃伊那県判事（「官員録 ②-2」五〇丁）。

◎8頁注
（1）下越後の蒲原・岩船

郡之百姓共川原群集ス(1)
盛岡藩(2)へ相達追々及鎮静
但奥州之弊風ニ而一村肝
入アリ一郡ニ大肝入と称ス此
者永世相勤昨年来段々
私欲有之故也
○仙藩伊達筑前(3)之家来陸前国
登米郡帰農長沼五郎兵衛《元平孫四郎》歎願
同家中米谷吉郎左《ママ》衛門(4)帰農豊嶋三郎兵衛
従弟也筑藩兵隊召捕死刑行候ニ付
同藩家老秋山主税之助(5)ニ出入候条(6)按
察府より藝藩(7)西川理兵(8)清水俊吾
橋本源之助へ頼越候事
但五兵衛(9)如申立一概難聞
届候由
同卅日
○梁川藩士両人逢
○贋金引替今日見合
○后皇宮御下向ニ付歎願西陣壱番

もが河原に群集した。

盛岡藩に連絡して追々鎮静に及ぶ。

ただ奥州の弊風で、各村に肝煎《きもいり》がいて、その中に大肝煎というものが、長年その職にあり、昨年来次第に私欲を貪るようになったからである。
○仙藩伊達筑前《だてちくぜん》家来で陸前登米《とよま》郡に帰農した長沼五郎兵衛（元平孫兵衛《たいらのまごべえ》）の歎願。
かつて筑藩兵隊を死刑にした従兄弟の筑前家中米谷吉郎右衛門（帰農名豊島三郎兵衛）が、これも従兄弟である伊達筑前家老秋山主税之助とトラブルがあり、秋山に告発された按察府が広島藩の西川理兵、清水俊吾、橋本源之助に処分を依頼した。

ただし、長沼五郎兵衛の申し出はそのままには聞き届けできないらしい。

同三〇日
○ふたりの柳川藩士に会った。
○偽金の引替を今日は見合わせた。
○皇后の東京下向についての歎願は、西陣一

地区は明治二年から三年にかけて水原（すいばら）県と呼ばれていた。本文の中立ては第二次新潟県として三年三月七日に実現した（『新潟史』五頁図1）。
（2）岡谷鉦吾（おかのやちゅうご）、繁実（しげざね）。旧館林藩、民部官判事試補。岩代国巡察使から若松県大参事（『幕維人』二二九頁、「民蔵分離②」四五頁）。
（3）庄内支藩出羽松山藩主酒井忠匡（さかいただまさ）。
（4）庄内藩は会津若松、ついで岩城平転封を献金で逃れようと全藩挙げて復封運動を展開していた（『山形史』三三―三八頁）。
（5）出羽松山藩は二年六月から松嶺藩（『山形史』四六頁）。
◎9頁注

組より五番迠五千人程も町年寄
相添
御所へ詰懸ケ頻ニ御縋リ申上候得とも
御取上無御坐政府へ罷出候様被
仰渡一同之者とも京都府ニ願書
持参罷出候處壱番組より十二番
組迠町年寄而已御府へ被召出候趣
右京三条境町江戸ヤ新《ママ》三郎より当月
廿五日出と申越候由飛脚ヤ年番
江戸ヤ仁《ママ》三郎届
○仙米谷吉郎右衛門より伊達筑前へ建白
書[1]アリ
十月二日
○外務権大丞黒田[2]来ル對話了介
△會斗基本其他難解条々
及吐露候事
○南部彦助[3]より水原縣[4]より柏崎へ
引渡之義ニ付申立候壬生[5]不取合
故也仍而以差紙[6]爲申遣候也

番より五番まで五千人ほどが町年寄を伴って御所に詰めかけ、しきりにお縋りしてもお取りあげはなく、政府へ行くようにとおっしゃられ、一同が願書を手に京都府へ出頭しても、一番組から一二番組までの町年寄だけが府へ召出されたようだ。

右京三条境町江戸屋新三郎から今月二五日に京を出たと言ってきたそうだ。

飛脚屋年番　江戸屋仁三郎届
○仙台の米谷吉郎右衛門が出した伊達筑前への建白書がある。
一〇月二日
○外務権大丞黒田了介が来て話し合った。
△会計の基本となる難問などについて意見を吐露した。
○水原県から柏崎県への引き渡しにつき、南部彦助が申し立てをしたが、壬生知事が取り合わなかったので壬生に召喚状を送付させた。

（1）明治期に最も噴火の多かった火山は浅間山だったといわれている（『明史典③』三四九頁）。パークス夫人ファニーは翌年五月浅間山噴火口を覗いたという（『パ伝』一六〇頁）。
（2）現南アルプス市。
（3）広沢真臣（ひろさわさねおみ）、七月八日から民部大輔（『補任』一五〇頁、解説付図「明治2年民部・会計・大蔵首脳任免表」）。
（4）発起、企画して遂行。
（5）「復古功臣賞典表」（『史要附表』収載の「明治十九年史要附録表」五六－五七頁）。補注［七］。
（6）巡察使、按察（使）府については補注［五］も参照。

◎10頁注
（1）白石農民騒擾。補注

○薩献艦春日乾行両艘
　毎月両千両宛入費
○土御門家役所(1)組頭吉川綱興申
　出
　黄銅幣(2)　金五万五千両也
◎贋金之義(3)過日御布告ニ臨議
員へ示問(4)相成候處三十両引替ハ
何分不可然今日にても細工抔ニ
相用候爲に七十両位て買入候者も
有之よしニ付尚再度於
朝廷可被議候故当省にても
勘考可申よし岩倉より坂本(5)へ
被申聞候事
　今日出候議員(6)幹事(7)
　伊達五郎(8)　新宮簡(9)
　岡田保(10)　境栄蔵(11)
　初岡敬次(12)
　小河《柳川》喜一郎　吉村重治
同三日

○薩藩が政府へ献納した春日・乾行二艦船は毎月それぞれ二千両の経費がかかる。
○土御門家役所組頭吉川綱興の申し出では、黄銅幣が金五万五千両とのことだ。
◎贋金売り出しの布告に際して、過日議員に諮問したところ、銀主体の二分金百両を紙幣三〇両で引替はなにぶん良くない。今も細工材料に使うために七〇両位で買い入れる者もあるようだから再度朝廷で検討するので、大蔵省でも検討するようにと岩倉から坂本へ連絡があった。
　今日集議院へ出席した議員幹事は、
　伊達五郎　新宮簡
　園田保　境栄蔵
　初岡敬治
　小河《柳川》喜一郎　吉村重作
同三日

［八］。
（2）盛岡二〇万石は仙台白石一三万石として減石転封させられていた（『岩手史』一七八、三八二頁）。
（3）伊達筑前（だてちくぜん）、邦教（くにのり）。仙台藩登米（とよま）要害領主、二万一、〇〇〇石。仙台騒擾は補注［九］。
（4）伊達筑前家臣、中隊頭。米谷吉郎右衛門（まいやきちろうえもん）（『仙戊人』三〇五―三〇六頁）。
（5）秋山主税之助（あきやまちからのすけ）、峻（たかし）、登米伊達家家老（『仙戊人』二〇頁）。
（6）悶着、騒動。
（7）仙台騒動鎮圧に長州兵と安芸兵が出た。補注［一〇］。
（8）西川理三郎ならば広島藩独立諸隊の一つ、発機

○神奈川より卿帰る(1)パークス應接
○テレカラフ便にて申越候にハ貨幣造人五人ニ相成度月給抔モ申越候事
○支那人等楮幣贋造候故何等と処置無之時ハ弊害甚敷由
○テール銀百斤ニ付トル弐千三百八十五枚(2)
〆三千斤
此代トル七万千五百五十枚
然ル處此度異人方にて百斤ニ付弐千三百四十枚ニ而買人有之　損千三百五十三枚(3)
目方ニ〆三千斤テール銀
四百八十貫目
古壱分(4)三百三十五ニ〆
弐十三万五千百七十壱分　益六千六百二十両余(5)

○贋金爲分析(6)壱万両横より今日廻ス事
○監督少佑(7)　静岡藩 前田重吉(8)
○水原懸《ママ》壬生(9)　官員進退の

○神奈川から沢外務卿が帰り、パークスとの会談結果を聞く。
○英国からの電報で造幣局雇英人は五人、月給についても連絡があったという。
○支那人などが紙幣を贋造し、何か手を打たなければ弊害が激しくなるとのこと。
○テール銀一〇〇斤が二、三八五ドルだから〆《しめ》て三、〇〇〇斤のテール銀は七一、五五〇ドルに相当するが、現今外国人の中には一〇〇斤に付二、三四〇ドルで購入している。わが国の損失は一、三五三ドル。
重量だけで計算すると、テール銀の三、〇〇〇斤は四八〇貫目で、古一分銀が二〇八、六九六分鋳造されるが、銀品位が上位なので二三五、一七一分が鋳造され、六、六二〇両余の増益になる。
○偽金分析のため、横浜から今日中に一万両を回すこと。

隊副総督である(『広島藩』二六四頁)。
(9) 長沼五郎兵衛。

◎11頁注
(1) この建白書は確認できていない(補注「九一一一」参照)。
(2) 黒田了介(くろだりょうすけ)、清隆(きよたか)。七月一八日外務権大丞(『百官一』一〇九頁)。
(3) 福井藩南部広矛(なんぶひろほこ)、彦助(ひこすけ)。北陸道鎮撫使会計方、越後府権判事、柏崎県権大参事、静岡県参事など歴任(『幕維人』七二四頁)。
(4) 水原(すいばら)県。明治二年から三年にかけて新政府直轄の新潟にあった県。一部は柏崎県、一部は第二次新潟県になった(『新潟史』五頁図1)。

事申立候処　奏任モ可有
之他懸《ママ》へモ致関係候故
政府へ可申談事

同初四

○柏崎懸《ママ》より水原懸《ママ》と申合候条々
申立候事新庄作右衛門(1)

○納議より示
一官制御改正(2)ニ付別段官禄
相当表(3)御布告相成居候得共
御用之閑劇ニ依リ減少被
仰付候儀ニ有之候所今般
御詮議之趣有之従当十
月官位相当表之通官
禄被立下候此段相達候事
但十月分ハ追而取足(4)被
仰付候事

参　朝

○壬生被免三條西(5)水原知懸《ママ》事被
仰付候由

○監督小佑　前田《静岡藩》重吉

○水原県知事壬生基修が県官員の進退について言ってきたが、奏任官もいて、他県との関係もあるので、政府に相談するよう指示した。

同四日

○柏崎権知事新庄《しんじょう》作右衛門《さくえもん》から水原県との協議事項の報告があった。

○納言・参議からの指示
一官制御改正で改めて官禄相当表がご布告になり、国家御用の閑劇によっては減給を仰せ付ける場合もあるが、今回詮議の結果この一〇月から官位相当表のとおりの官給を下さるので、このことを通達する。
但し一〇月分は後ほど調整して仰せ付けられる。

参朝

○壬生が罷免され、三条西公允が水原県知事に任命されたとのこと。

---

(5)壬生基修（みぶもとおさ）。二年二月越後府知事、同年七月から一〇月まで水原（すいばら）県知事（『補任』一七三、一七七頁）。補注［一二］。
(6)「差紙（さしがみ）」召喚状。

◎12頁注
(1)補注［一三］。
(2)黄銅箔をおいた祭祀の御幣（ごへい）としては高価すぎると思うが、それ故に日記に書いたか。
(3)銀胎二分金一〇〇両を紙幣三〇両と交換することの是非が集議院で議題となっていた（「集院誌」『明文全四』一九六頁）。
(4)諮問。
(5)坂本三郎、三年には造幣小丞（「渋伝資二」二三四頁）。

○信濃川之義ニ付評議(1)有之
決着ニ不至尚於当省可議と答
○四條若松(2)知縣《ママ》事會城守兼
勤
○中島(3)より懸《ママ》官員手当話ス
○岩倉より談話書面即
宮内御費積尚如左被申聞候也
一正米壱万八千石　一ヶ年分
一金三十六万両
但一ヶ月三万両閏月ハ別ニ
三万両
同五日出省
○品海港地埋立圖北濱五郎より出ス
○越後川之事ニ付平岡兵吉(4)出る
委曲申出候也
○来ル八日亜米利加公使(5)参
朝ニ付第十一字帯剣衣冠
指貫にて出候様坂下より通行
同七日

○信濃川分水工事についての議論の決着がつかず、当省で検討すると答えておいた。
○四条若松県知事が城守も兼任。
○中島が県官員の給料について報告。
○岩倉から宮内省予算についての話と書類、内容は左のとおり。
一正米一万八千石が一年分。
一金三六万両（一年分）。
ただし一ヵ月三万両閏月は別に
三万両。
同五日出省
○品川港埋立図を北浜五郎が提出。
○越後川分水について平岡兵吉が詳細に報告した。
○次の八日に米国公使が参内するので朝一一時に帯剣衣冠指貫の礼装で出席の命令。坂下門を通る。
同七日

---

(6) 公議所に代わって二年七月に設置された諸藩正権参事による集議院の議員（『明史典 2』一二三頁）。
(7) 二年一〇月の集議院常勤幹事は伊達五郎、園田保、有竹裕（「集院誌」『明文全 四』一八三頁）。
(8) 伊達五郎（だてごろう）、宗興（むねおき）、紀州藩。陸奥宗光義兄（『幕惟人』五九六―五九七頁）。
(9) 新宮簡（しんぐうたけま）、人吉藩尊攘派。権大参事（『幕維人』五一一頁）。
(10) 園田保（そのだたもつ）の誤記。森藩（「集院誌」『明文全 四』一六七頁）。
(11) 境栄蔵（さかいえいぞう）、二郎（じろう）。長州藩。明治五年から滋賀県参事、島根県令（『幕維人』四三三頁）。
(12) 初岡啓治（はつおかけ

○シーボルト之事(1)
○藩知事被命候ニ付而ハ
　諸藩士民ハ
天朝御臣人と心得可申也
○安藤(2)盤城平へ服《ママ》地五万両上
納(3)之筈之処難整赴ニ付込高(4)
御引揚之内吟味候処其儘
相成居候故岩卿可懸合事
○岩倉より示談宮内省御入費
左之通決着
　○金三十六万両（一ヶ月三万金 壬月別ニ三万両）
　○米一万五千石（一カ年臨時 共）
○南部上納七十万(5)之内延引
歎願政府より被相渡吟味
○乾行丸(6)
　右薩献艦候処郵船ニ相用度
当省へ引渡方兵部へ達之義弁
　官へ申立候事
同八日

○シーボルトの日本政府への移籍のこと。
○諸侯が藩知事を拝命した以上は、諸藩の士民は天朝の御臣民と心得なければならない。
○五万両を上納で安藤氏の磐城平への復地を許すはずが、金策がつかないので、転封による込高を中止する検討を内々にしながら、そのままになっているから岩倉卿に掛け合うべきこと。
○岩倉からの示談で宮内省予算左の通りに決着
　○金三六万両（一カ月三万両 閏月別に三万両）
　○米一万両（一カ年分臨時も入れて）
○南部上納金未支払分の延引嘆願書を政府から渡されたので吟味する。
○乾行丸
　薩藩が献上したこの船を郵船として用いたいので、当省へ渡すよう兵部省に伝達するのを弁官に申請した。

同八日

いじ）の誤記。秋田藩。二年三月公議人、集議院議員、藩権大参事、後に二卿事件に連座（『幕維人』七七三頁）。

◎13頁注
（1）外務卿沢宣嘉（さわのぶよし）。
（2）中国や東南アジアで流通していた銀貨、一テール（tael、両）は銀三八グラム含有（『ODE』一七九四頁）。日記からテール銀は高品位なことがわかる。補注［一四］。
（3）補注［一四①］。
（4）古一分は天保一分銀で九八・二六％と高品位（「古吹一分銀」『史要附表』明治元年五頁）だが、量目は二匁三分（『貨幣』二八三―二八五頁）である。『貨幣』同頁では品位

○亜新古公使参朝ニ付出仕
○山本一郎(1)奥羽金銀調帰
同九日
○田安水の権十郎使ニ来ル
○玉川上水四ツ谷門外迠運船路
開度願決ス(2)
○若松縣《ママ》伺　岡谷申立
一銭鋳造之吏
一凶作ニ付廻米十四万俵
一飛脚之事
一贋金引替札の事
一監督司(3)帰京ニ付御賞
の事
同十日
○参禮服其外評議アリ
○提灯印書付見込廣澤へ渡置
同十二日
○諸藩太夫士禄制其外改正
註議書付政府見込決着ハ

○米国新旧公使の参朝で出仕した。
○山本一郎が奥羽の金銀調査から帰省。
同九日
○田安家から水野権十郎が使いに来た。
○玉川上水の四谷辺りまで運送船の通路開通
願いを許可した。
○若松県からの伺いを岡谷大参事が報告。
一銭《ぜに》鋳造のこと。
一凶作なので一四万俵の若松への回米が必要。
一飛脚のこと。
一贋金引替え札のこと。
一監督司が帰省するから褒賞を出したい。
同一〇日
○参内の礼服などの評議があった。
○提灯印《ちょうちんじるし》絵柄の書類は広沢に渡した。
同一二日
○諸藩の執参政クラスと上士などの俸給改定の注釈書について、政府見解は決着してないので、なお省議を重ねるようにと、三条

が九八・八六%とある。
(5) 補注［一四②］。
(6) 明治二年二月東京に設けられた貨幣改所へか（『国大典３』五二八頁）。
(7) 会計官の監督司は明治二年五月八日に設置（『法分大官十』目録三九頁）。
(8)「解説」九七頁参照。
(9) 知事壬生基修。

◎14頁注
(1) 岡山藩尊攘家。明治元年権弁事、二年八月柏崎県権知事（『新潟史』二二七頁）。
(2) 七月八日の官制改革で官員の俸給体系「官禄ノ制」も変更（『史要』一六一頁）。
(3)「官禄表」（『史要附表』四三頁）。
(4) 取足（とりあし）。頼母子講の懸銭（かけせん）が

不致候得共尚可加省議旨にて
右府被相渡候事
○兵部卿より成羽知事山崎従五位(1)より洲先(ママ)新田開築手傳及成就度書面到来省議ニ下る
○會津血食(2)被建候ニ付采邑地書付一通
○諸懸(ママ)蓄穀書付一通
右伊藤(3)へ相下置候事
同十三日
○外務省へ参寺島(4)へシーボルト之事及談判置候事
同十四日
○小の集議大主典
右不慮死ヲ遂ケ候ニ付三十金被下度よし
○　租税正(5)　静岡藩　渋澤篤太郎(6)
　駅逓権正(5)　田安臣　鈴木大之進(7)
右如頭書(ママ)申立候事

右大臣から渡されたこと。
○兵部卿から、成羽藩知事山崎治祇の洲崎新田開築に協力して成就させたいという書類がきたので省議に下げた。
○会津藩も藩主家の断絶を免れたので、知行地書類一通が届けられた。
○各県の蓄穀書類一通を伊藤民部大蔵小輔に下げておいた。
同一三日
○外務省へ行き、寺島外務大輔にシーボルトの日本政府移籍を談判しておいた。
同一四日
○小野集議院大主典が不慮の死をとげたので、三〇両の下賜があったそうだ。
○租税正《そぜいのしょう》に静岡藩渋沢篤太郎、駅逓権正《えきていごんのしょう》に田安家臣鈴木大之進が当初の当方の主張どおりとなる。

語源、ここでは官禄変更による一〇月の俸給調整分。
（5）壬生は水原県知事被免のあと東京府知事へ転出（『補任』一七七頁、『新潟史』二四九頁）。三条西公允（さんじょうにしきんあえ）が水原県知事に就任（『補任』一七七頁）。

◎15頁注
（1）信濃川の分水工事に関する最初の省議か。慶応四年の大洪水と新政府への期待から信濃川の分水掘削を住民が民政局へ執拗に要求していた（「明治河川」八八―九三頁、『新潟史』一二三―一三二頁）。
（2）公家四条隆平（しじょうたかとし）。北陸道先鋒副総督として慶応四年三月一五日上越高田に出張し、戦争で疲弊した村落の民政

同望
○箱館廻
　一小札十五万両程
　一銭十万貫
　一支那米千石
　　先日四千俵廻ス
同十七日
○廿四日恐悦参賀奏任以下於
　省申上候事
○悪金真價比較表(1)十八等一等
　百両也
　右千八百両平均

布告表ニ由リ　百両ニ付
　弐百《マヽ》十四両(2)永(3)五百十五
　文弐分

金一歩掛欠
銀三歩吹減

同一五日
○函館へ廻す
　一小額紙幣約一五万両
　一銭一〇万貫
　一支那米千石
　　先日四千俵廻した。
同一七日
○二四日には皇后着御の恐悦参賀があり、奏任官以下は本省で祝賀を申し上げる。
○悪金真価比較表では、一八種類の悪金をそれぞれ百両ずつ、総額千八百両を検査して、その平均値を示している。

その結果を布告表に照らし合わせると、悪金百両は二一四両の二分判（金）と永字銀五百一五文二分に相当。

金一歩の掛欠
銀三歩の吹減

担当に従事した（『新潟史』三〇、九八一―一〇四頁）。二年八月二五日から若松県知事兼若松城守。四年七月三日罷免（『補任』一八一頁）。

（3）中島信行（なかじまのぶゆき）、土佐藩。二年一一月通商正（つうしょうのかみ）（『百官二』一九一頁）。

（4）平岡通義（ひらおかみちよし）、兵吉（ひょうきち）、長州藩。明治二年四月越後府判事試補（『勅履原 下巻』五九六―六〇一頁）。越後平野の河川問題について詳細に報告した（『新潟史』四、二四八頁）。

（5）アメリカ弁理公使**Robert Van Valkenburgh**（ロバート・ヴァン・ヴァルケンバーグ）は**Charles De Long**（チャールズ・デロング）弁理公使と交代。デロングの任命は一一月一一日（『日外

布告表ニ由リ　百両ニ付
金一匁ニ付百三十双(1)　二十三両永九百五文四分
銀同　七双

当時買上定價
金一匁ニ付百十五双　百両ニ付
銀一匁ニ付七双　二十二両永四百八文六分

右分析　谷敬三郎(2)
長尾儀一郎

同十八日不参
同十九日
○万石以上家来共北海道へ移住
爲致可然と政府評議ニ付
於省議可然と決ス
○明廿日二字於延遼館英公使
岩倉始自分面會申越候事
同廿日
○應召参

布告表により
金一匁で百三〇両　銀一匁で七両
百両に付二三両永九百五文四分

今の買上定価
金一匁に百一五両　銀一匁で七両
百両に付二二両永四百八文六分

右分析者　谷敬三郎
長尾儀一郎

同一八日不参
同一九日
○万石以上の藩の家来は北海道へ移住させるのがよいと政府が評議したが、省議でも同意見であった。
○明日二〇日二時延遼館で、英公使が岩倉はじめ私にも会いたいといってきたこと。
同二〇日
○お召しで参朝したが、パークス応接が予定

典』付録一四四頁)。

◎16頁注
(1) 英公使館日本語通訳・翻訳官 Alexander von Siebold (アレクサンダー・フォン・シーボルト)(以後 Alex(アレックス)と略)。宗城はアレックスを日本政府雇いとする意図を持っていた(「解説 四」一〇四—一〇五頁)。
(2) 安藤信勇(あんどうのぶたけ)、岩城平藩主、四万石(『補任』二七九頁)。
(3) 復地。陸中国磐井郡三万四千石への移封を五万両の献金で免じられた。
(4) 「込高(こみだか)」。知行高は同じでも替え地の生産性が低く、租米が減る場合、不足分に見合う増し高。
(5) 補注「八」参照。
(6) 鹿児島藩寄付の軍艦

朝候處パークス應接ニ付大原従二位[1]へ名代相頼延遼館へ参る
○東西京へ蒸氣車路造候義爲官民早々出来候様
○樺多（ママ）[2]魯之話当廿四日迠に逢候赴岩倉約束也
○今日御用召大原名代頼置候処公用人金子博[3]へ御書付被相渡
積年力ヲ
皇室ニ盡シ丁卯之冬
太政復古之時ニ方リ速ニ上京今日の丕績ヲ助ケ候段
叡感不斜仍賞其功労禄千五百石下賜候事
己巳十月
同廿二日
○練兵ニ付本丸跡へ供奉
○樺太處置ニ付評議アリ尚資費可議よし

されていたので大原重徳に名代を頼み、延遼館へ行く。パークスの話は、
○東西京を結ぶ蒸気路線敷設に官民のために早々取り掛かるべきである。
○樺太魯人の件で、岩倉が当二四日までに話し合うと約束した。
○今日のご用召しは大原に名代を頼んでおいたところ、公用人金子博に書類を下された。それには、永年朝廷のために尽力し、慶応三年の冬の王政復古に際しては速やかに上京して、今日の偉績を助けたことを天皇も評価している。その功労を賞して　禄一、五〇〇石を下賜する
己巳一〇月
同二二日
○練兵式があるので本丸跡へ供奉した。
○樺太処理について評議があり、なお資金について検討するとのことだ。

乾行丸を郵便船として使う民部省の請願を「軍艦として寄付された」と軍務官は許可しなかった（「海公纂」三〇－三二丁）。

◎17頁注

（1）山本一郎（やまもといちろう）、速夫（はやお）。本名亀井孫六（かめいまごろく）。豊橋吉田藩。高野山挙兵に参加。明治二年若松県参事（「豊百典」08ヤ行）。

（2）明治二年九月玉川を通船に利用する名主らの出願が同年一〇月二八日に民部省土木司に認可されている（「玉川通船」）。

（3）明治二年民部大蔵省に設置され、翌年の民蔵分離後も大蔵省に維持。一二月に監督司職制が定められ、本省内外の事務すべてを監視督察するとされた。京都、

○当月十四日夜より勢州四日市忍藩(1)
支配地高四万石凡二万人斗蜂起
七十二ヶ村大小庄屋打壊候(2)ニ付度會《ワタライフ》
懸《ママ》より浦田小参事出張十六日三字
先ツ鎮リ候よし

同廿三日

○甲斐田安領一条(3)ニ付監督遣候
事ニ決ス

大佑 塩谷甲助(4)
小佑 岡村練一郎

○岡谷鉦古《ママ》代リ山本一郎若松大
参事の事

同廿四日

○后皇着御ニ付参賀懸
省へ参リ官員御礼受候事

静岡 福田作太郎(5)

任出納権大佑候事

同廿五日

○井上(6)より英人カワル(7)佐渡島へ三年

○当月一四日夜から、伊勢四日市忍《おし》藩高四万石の支配地でおよそ一万人が蜂起し、七二ヵ村の大小庄屋を打ち壊したので、度会県から浦田小参事が出張し、一六日三時頃にはまず沈静した由。

同二三日

○甲斐田安領の騒擾に監督官を派遣することに決した。

監督大佑 塩谷甲助
監督小佑 岡村練一郎

○岡谷鉦吾の代わりに山本一郎を若松県大参事とする。

同二四日

○皇后が着御されたので参賀のついでに出省し、官員からの祝礼を受けた。

静岡 福田作太郎

出納権大佑に任ず

同二五日

○井上民部大蔵大丞が、英領事ガワーを佐

大阪、横浜に監督支署を設置（「ア歴グ」）。

◎18頁注

（1）備中成羽（なりわ）藩主山崎治祇（やまざきはるよし）。新田開発に努力して慶応四年に大名。

（2）子孫が続いて祖先祭祀を絶やさないこと。

（3）伊藤博文（いとうひろぶみ）、民蔵小輔（『補任』一五八頁）。

（4）寺島宗則（てらしまむねのり）、外務大輔（『補任』一六二頁）。

（5）租税・駅逓司の職制は「正（しょう）、権正（ごんのしょう）、大佑（だいじょう）、権大佑（ごんのだいじょう）、小佑（しょうじょう）、権小佑（ごんのしょうじょう）、大令史（だいれいし）、小令史（しょうれいし）」（『史要

雇入ニ付條約書持参飜書本
省へ始末させる

同廿七日

○岩鼻懸《ママ》[1] 申立候[2]ニ付高崎藩人呼
出候処廿三日の返答も不承廿四日
岩村[3]出京也藩見込ニ騒立候ニ付免
ゆる《ママ》して ハ不可然当節ハ夫食[4]とか
何とか主ヲ付可遣免租ニ至てハ一藩
限リ難取斗見込也懸《ママ》と申合
難出来故無止出京申候由届出候也

○田安水野始来リ支配地土民如
歎願御領地ニ可願候故穏ニ引取
候様申候ハヽ落意可申旨土肥[5]大参事
申聞何分他ニ處置無之其通申
付引取候よし大当惑申聞候且右の
趣御届ニ可及や之内意伺候故監督司[6]
遣置候故其もよふ分候迠可見合と申置候也

○横須賀製鉄所[7]当省管
轄相成候事

渡ヶ島で三年間雇うので、契約書を持参した。その翻訳は外務省で行わせる。

同二七日

○岩鼻県の騒擾で高崎藩人を呼び出したが、二三日には返事がなかった。二四日にやっと岩村虎雄が報告に上京してきた。藩の方針に農民が騒ぎたてるのを許してはよくない。近頃は夫食などで処理すべきなのに、免租などは一藩だけでできるわけはなく、県との合意も困難なのでやむなく上京したと、岩村は届け出たのである。

○田安家の水野権十郎などが出頭し、支配地土民が集合して新政府支配地にと歎願したのを、土肥大参事は穏やかに解散するように話せば合意すると言い、他に打つ手もないからその通りに言うと、群衆は引き下がったとのこと。当惑至極の話で、この処置を政府へ報告すべきか内意を聞くから、監督司を派遣しているからその報告が来るまで見合わせるよう指示した。

附表』二年三八頁、「職員令二年冬」)。

（6）渋沢篤大夫（しぶさわとくだゆう）、栄一（えいいち）。以前から宗城が考えていた渋沢の政府採用がこの日に内定。「解説二」九四頁。

（7）田安家家老、明治二年開拓小主典から昇任。歌人（『人名』五三〇頁）。

◎19頁注

（1）以下の記事は早稲田大学古典籍総合DB イ14A1770に収載の「悪金真贋比較表」の抄記とみられるが、原表では分析者の名前はない。補注［一五］。

（2）二四両の誤記。

（3）宝永永字丁銀および宝永永字豆板銀を総称して永字銀と言い、秤量（しょうりょう）貨幣として文（もん）（匁（もんめ））、分（ぶ）

○奥羽へ小札早々廻度旨申越候也
按察府
中川権判官
十一月朔日より六日まで風邪ニ付不参(1)
同七日出省
○甲府出張塩谷岡村両人より申越候
一田安従二位(2)より更ニ村替可申上と
申所ニ而鎮静帰村ニ及候得共條
理ヲ以裁判候得者犯上強訴押願
徒黨を顕し候事ニ付断然其罪
ヲ鳴可及處置也左候ハヽ再動可申
よし伺越候事
○白石懸《ママ》当月四日一揆(3)巨魁捕得
及鎮静候よし
○高崎一件(4)相済候事
同八日
○文武賞典当冬半高渡早々議候様
申付置候
○服部壙山少佐(5)より両羽鑛山酒
田懸《ママ》へ委任可申立候事

○横須賀製鉄所が当省の管轄になった。
○奥羽へ小額札を急いで送りたいと按察府の
中川権判官が言ってきた。
一一月一日から六日まで風邪で不参。
一一月七日出省
○甲府出張の塩谷、岡村両人からの報告。
一田安従二位が今後村替えしましょうと言ったので、群衆は沈静帰村となったが、規則通りに裁判すれば、強訴押願徒党として断然その罪を追及されるべきであるが、そうすると暴動再発の恐れがあると、方針を伺ってきた。
○白石県でも今月四日一揆があり、巨魁が逮捕されて沈静化した由。
○高崎一件は決着した。
同八日
○戊辰戦争賞典の半分は今冬に支払うべく議論を早々にするよう指示した。
○両羽の鉱山は酒田県に委任するのがよいと服部鉱山小佑の意見である。

で表記。また「両」を「双」、「分」を「ト」とも略記、ともに草書体である。

◎20頁注
（1）早稲田大学古典籍総合ＤＢ　イ14A1770では「百三十四双」。
（2）書写資料「各國金銀貨幣表 全」の編者（早稲田大学古典籍総合ＤＢ i14_a1680.pdf）。

◎21頁注
（1）集議院上局長官大原重徳（おおはらしげとみ）（『補任』一六四頁）。激派の公卿長老。文久年間から宗城とは旧知の間柄。
（2）「太」の誤記。
（3）宇和島藩公用人。

◎22頁注
（1）伊勢忍（おし）藩（現

同九日
○旧旗下禄處置各省卿輔へ尋也
同十日
○宣下御書付行之落候事土方へ申置候
○衣冠之事ニ付省議土方へ申置候
同十二日
○小菅懸《ママ》河瀬外衛(1)より明春迄夫
　食難喰續よし申出候事
○英人セー　《カ》レー(2)と鉄道造候入費借入
　方條約調印(3)
同十三日
○於外国館セレー條約済候事
○英公使館にて應對鉄道
　造り筋パークス見込三方より
　造而ハ如何と存候且東京より高
　崎迄早々出来候而ハ如何と存候よし
○答第一東西京へ達候儀肝
　要随而外と枝路ニ及可申
　尤前後両方より懸可然

同九日
○旧旗本の俸給処置を各省の卿補に尋問。
同一〇日
○宣下書類の落行を土方弁事へ通知した。
○衣冠について省議にかけ、土方へ通知。
同一二日
○小菅県の河瀬外衛が、農民食が来年の春までは保たないと言ってきた。
○英人ホレーショ・N・レイとの鉄道敷設費用借款条約に調印した。
同一三日
○外務公館でレイとの条約締結が完了した。
○英公使館で会議があり、鉄道建設は三方向から手を着けてはどうかとパークスは考えていて、まず早々に東京—高崎間に敷設してはどうかと提案。
○当方の答。まず東京・京都間を結ぶのが肝腎。その後支線で連結すべきだ。もっとも、両端から始めるのは良い。

三重県四日市市）。
（2）忍藩（おしはん）三重飛地で不作の検見（けみ）（収穫量予測）を大庄屋に願い出たのが拒否された一二、〇〇〇人余の農民による騒擾。度会（わたらい）県、菰野藩など六藩から兵を出し鎮圧（『明農騒』二六九—二七一頁）。
（3）「山梨・八代郡田安家領農民一揆」。補注［一六］。
（4）塩谷良翰（しおのやりょうかん）、甲助（こうすけ）（介）、館林藩。藩主秋元礼朝（あきもとひろとも）の養父秋元志朝（ゆきとも）が周防徳山藩から出ていたからか、大村益次郎に付属し、民部大祐（だいゆう）（じょう））として田安領騒動を鎮撫（『人名』四七四頁）。
（5）福田作太郎（ふくださくたろう）、旧幕臣。文久元

○内海へ小蒸き相備如飛脚
　人物諸物大阪兵コへ爲廻候ハヽ
　可然と存候よし
○素糸(1)追々品合不宜博覧
　會の如ク諸国より爲差出佳
　品ハ賞遣候ハヽ無世話競ひ品
　宜敷可相成と存候よし
○花旗国(2)わた種贈候間ひら
　きてハ如何と申候故及所望
　置候事
○土肥謙蔵出る
○夕三條へ参内話
一民政之義何分挙リ兼候様
　存候故考候様
一海陸軍可被越(ママ)(3)ニ付入
　費目的更ニ議候様
一戸田(4)借金之事
同十七日
○渡辺(5)帰京奥羽事情承る

○瀬戸内海に小蒸気船を備えて、飛脚のように人や物を大阪、兵庫へ運搬すれば便利だとの考えのようだ。
○生糸の品質が次第に劣化しているが、博覧会のように諸国から出品させて上物を顕彰すれば、競争して容易に品質も良くなるはずだと言う。
○アメリカから綿種を贈られるので、試してみてはいかがと言うので、それを所望しておいた。
○土肥謙蔵が報告に出頭してきた。
○夕方三条邸へ出て三条と密話。
一今のやり方では窮民救済などの効果が上がらないので、再考の必要がある。
一海陸軍整備に重点を置くのなら、その目的と費用の再検討をするように。
一戸田忠至《ただゆき》の借金のこと。
(民蔵分離論と鉄道反対の西郷論を批判)
同一七日
○渡辺清が帰京して奥羽情勢を報告。

年遣欧使節団員に参加。帰国後神奈川奉行支配組頭、鉄砲製造奉行、勘定頭取兼務の歩兵頭に昇進。静岡藩士(「日教史 四九巻」二二一―二二三頁)。
(6)井上馨(いのうえかおる)、長州藩。民部大蔵大丞(『百官 一』一二七頁)。
(7)E.H.M.Gower(ガワー)。明治二年から六年まで新政府が幕府鉱山掛として雇用(『お雇い②』一二六一―一五五頁)。

◎23頁注
(1)上野(こうずけ)、武蔵(むさし)両国の旗本領を管轄するため高崎に新設された三三万石の県(『明史典①』八三四頁)。
(2)岩鼻騒動。補注[一七]。
(3)高崎藩大参事岩村虎雄(「御手帳留自明治三年庚午正月至同年五月」

同十八日参　朝
○文武功臣賞典催促ニ付当
年収納億笄《ママ》ニ分五ト《ママ》(1)として
百十三万石よ位ニ付如何とも不
可爲候故乞評議候旨申出候
同十九日
○林(2)より書通亨人へ榎本より箱館地
三百万坪借置《ママ》候(3)処南貞介(4)より
條約いたし借受《ママ》候赴即今
取戻シ處置有之度事
同廿日
○レー引合(5)
同廿二日
○孝心者武蔵多摩郡
三十六　弥平次
四十一　テウ
○若松懸《ママ》権大参事　服部又助
○按察府常備

同一八日参朝
○文武功臣への戦争賞典支払いの催促があるが、年収が凶作のため宗城胸算《むなざん》で平年の二分五厘の作柄として一一三万石ちょっとなので、いかんともしがたく、政府の評議を尽すように申し出た。
同一九日
○旧宇和島藩士林通顕から手紙で榎本が普人《プロシア人》へ貸していた七重村の土地三〇〇万坪の借地権を南貞介が再契約で認可。不当なことで即刻取り戻す処置をとるべきこと。
同二〇日
○レイに会い、追加契約をした。
同二二日
○孝行者 武蔵国多摩郡
三六　弥平次
四一　てう
○若松県権大参事服部又助。
○按察府に常備金として

三年四月二三日記事）。
（4）夫食（ぶじき、ふじき）、農民の食糧。労賃としての食糧をいう場合が多い。
（5）土肥謙蔵（どひけんぞう）、鳥取藩。二年七月甲斐県権知事、三年甲斐県知事（『人名』六七二頁）。
（6）一〇月二三日記事の塩谷と岡村を指す。
（7）横須賀製鉄（造船）所は旧幕採用の**Francois L. Verny**（フランソア・ヴェルニー）以下に任されていたが、実権は寺島陶蔵、井関齊右衛門両判事の手で合理化が進められていた（『経労明』五二一―五六頁）。

◎24頁注
（1）宗城不参で鉄道導入の三条邸会談があった（『解説五』一〇八―一〇九頁）。
（2）田安家五、八代当主徳

一万両
○藩縣引替小札　五万両
　右渡邉渡リ
○静岡藩佐々倉相（ママ）太郎（1）
同廿三日
○無大事件
同廿四日
○参賀之時徳大寺（2）より話
　元旗本之減禄之議（3）尚弁官より
　心付申立候赴モ有之左之通
　可被決旨
△御一新被下候現石十分の一
　○家来共之内三代勤候以上
　　之者ハ於
　朝廷可被召使
　　但旧主より遣候禄通
○軍功有之輩之家来ハ
　雖一代可被召使
右ハ大輔始及商議候故自弁官

一万両必要。
○藩県の交換用小札五万両と按察府常備の一万両を渡辺清に渡した。
○静岡藩佐々倉桐太郎
同二三日
○大きな事件なし。
同二四日
○参賀のとき聞いた徳大寺の話。
元旗本の減俸の件は、なお弁官からの意見陳述があるはずだが、左の通りに決せられるのがよいとのこと。
△ご一新で下されている現石の十分の一。
　○家来でも三代以上勤めた者は朝廷でも召し使うべきである。
　ただし旧主の額どおりとする。
○軍功があった者の家来は
　一代の家来でも採用すべき。
右のことは大輔以下が協議したのだから、弁官から話し合えばいいと言っておいた。

川慶頼（とくがわよしより）。
（3）四月二一日の白石騒擾のぶり返しか。
（4）高崎五万石騒動（一二三頁注2）。
（5）服部鉱山小佑（しょうゆう）。

◎25頁注
（1）河瀬秀治（かわせひではる）、宮津藩。明治二年に武蔵知県事の時同県内の旧幕領を管轄する小菅県ができた。
（2）レイ（Horatio Nelson Lay）。補注［一八］。「解説 五」一一一頁、「付録三ノ二」も参照。
（3）第一命令書と第一約定書の調印（『大外文二ノ三』三一七―三三七頁、「表2-2」『日鉄草』六二頁）。

話合候様有之度申置候
同廿五日
○明後二十七日十字大小輔共出頭有之旨
同廿七日参　竜の柴原甲斐大参事⑴
○賞典之事新潟之事談示
同廿~~九~~八日
○右府より戸田の事催促也返答出ス
同廿九日
○兵部省焼失ス
同晦日
○本の周蔵⑵居所
十二月二日
○中下大夫士以下士族之儀被
　仰出候事⑶
同三日
同四日　大原正四位⑷
　酒田縣知事
○深瀬仲麿⑸申立弐千弐百⑹大阪

同二五日
○明後二七日十時大小輔ともに出頭のこと。
同二七日参朝　竜野藩柴原甲斐大参事が来た。
○賞典と新潟問題を示談した。
同二八日
○三条右大臣から戸田の件で催促あり返答す。
同二九日
○兵部省が焼失した。
同晦日《みそか》
○本野周蔵の居どころ。
一二月二日
○中下大夫士以下の士族について仰せ出さられがあった。
同三日
同四日　正四位大原重実が
　第一次酒田県知事に就任。
○深瀬仲麿が申し立てていた二、二〇〇両は

◎26頁注
（1）加工しない生糸。
（2）アメリカ合衆国。
（3）「起」の誤記。
（4）宇都宮藩家老から山稜修補の功で高徳藩主となり、維新後に諸陵頭に就いたが（『人名』六六九頁）、そのため借財を負い朝廷からお手元金が出たという（京都府「戸田忠至碑　碑文の大意」）。
（5）渡辺清左衛門（わたなべせいざえもん）、清（きよし）、大村藩。二年七月民部権大丞、一〇月三陸・磐城・両羽按察使判官（『百官一』二三四頁）。
◎27頁注
（1）「厘」の草書体。一九頁注3参照。
（2）西郷隆盛と並んで大

府払ニ相成
同五日
○
同七日
○レイと調印(1)
同八日桜大話(2)英ホーイ(3)切候者一人召捕
候よし
同九日
○シーホル切支丹話(4)
同十日
同十二日
○酒田一件大原(5)持参
○謙蔵土肥の事
同十三日
○開成所(6)へ参
同十四日
○十九日御神楽之事申来
○賞典之義取調出ス
同十五日

大阪府が支払った。
同五日
○
同七日
○レイと調印を交わした。
同八日 桜田大助の話では英人のボーイを切った犯人一人を捕縛したそうだ。
同九日
○シーボルトが来て、キリシタンの話をした。
同一〇日
同一二日
○酒田の一件書類を大原知事が持参してきた。
○土肥謙蔵のこと。
同一三日
○開成所（正しくは開成学校または大学南校）へ行った。
同一四日
○一九日は禁裏で御神楽があると連絡があった。
○賞典に関する調査を完了して報告。
同一五日

総督府下参謀（したのさんぼう）を勤めた林通顕（はやしみちあき）、玖十郎（くじゅうろう）。「解説 六」参照

（3）ゲルトナー七重（なない）村開墾条約事件。ゲルトナー兄弟の名前は『大外文二ノ三』では R.Gaertner。農園主が兄 Phillip E. Reinhold Gaertner、弟の箱館副領事は Eduard Conrad Gaertner、その弟が開墾農園実務担当の Otto Gaertner（「北ド跡」五五頁）。

（4）高杉晋作の近縁者と言われ、慶応四年四月頃宗城が外交官に採用、箱館府の事務取扱掛としてゲルトナー事件を混迷に陥れ、林玖十郎の追及で姿を消したらしい（『ガルト』一七三頁）。

（5）レイと鉄道借款の第二契約（約定）書を締結

○賞典觸出候事
○切支丹徒移居評議有之
同十六日
○シーボルト来ル
○午後二字英公使名代アダムス(1)澤邸へ
来り参會申越候処所労ニ付断
同十七日
○八字参　内評議
長崎より爲移候人民殘之分ハ
各国公使談判済候迠見合
十九日飛脚船より長崎へ申遣候
趣及返書候事
同十八日
○訴横山鐐三郎四千五百ヲ五千石ニ欺候
由　日光懸《ママ》支配
名主　長三郎
作右衛門
同十九日
○昨日三條岩倉澤始應接先々

○賞典を公表した。
○キリシタン信徒を移送することの評議があった。
同一六日
○シーボルトが来た。
○午後二時英公使名代のアダムスが沢邸へ来るので、参会を求められたが、所労でお断りした。
同一七日
○八時に参内し評議があった。長崎から移送させる信徒の残り分は各公使との談判が済むまでは見合わせる。一九日に飛脚船で長崎へ通告すると返事を出した。
同一八日
○告訴あり。横山鐐三郎が四、五〇〇石を五、〇〇〇石と欺いたとのこと。
日光県支配
名主　長三郎
作右衛門
同一九日

（『大外文二ノ三』三八六－三九二頁、「表2－2」『日鉄草』六二頁）。これが宗城とレイの初対面だったか。

◎28頁注
（1）佐々倉桐太郎（さささくらきりたろう）、幕臣。ペリー応接方、海軍伝習所一回生。渡米咸臨丸に教授方として乗り組む。維新後静岡藩権小参事、水利路程方。五年海軍兵学寮監長（『人名』四五二頁）。
（2）精華家徳大寺公純（とくだいじきんいと）の嗣子実則（さねつね）は宮内官僚のトップとして近代天皇制を形作った。『叢書⑦』五－七頁に実則が明治天皇の東幸反対派の陰謀を寛和の変に譬えた記事がある。
（3）一一月九日の記事を受けている。

都合能相済候事寺島方
にて承候事
○今日亦々岩倉と英公使應接
懇談済候よし
○渡辺弾正権忠(1)松方知縣事(2)今日
内々到着のよし(3)
同廿日
同廿二日参
○切支丹處置評議
○西京地税
○樺太へ五万両
同廿三日参
○士族給禄の事
○西京地子税之事
○觸頭(4)賞與之事
同廿四日
○両省廿八日より休ミ正月三日迠
二日出頭
四日政始出頭開省也

○昨日の三条、岩倉、沢などの交渉はまずまず都合よく済んだと寺島のところで聞いた。
○今日また岩倉と英公使の応接懇談があって、それもすんだとのこと。
○渡辺昇弾正大忠と松方日田県知事が今日極秘に到着したとのこと。
同二〇日
同二二日参朝
○キリシタン信徒の処分法を評議した。
○京都の地税問題。
○樺太へ五万両送金。
同二三日参朝。
○士族給禄の件。
○京都の地子税の件。
○触頭《ふれがしら》を賞与の件。
同二四日
○民蔵両省二八日から正月三日まで休日。
二日には出頭し、年初の祝儀。
四日に政始《まつりごとはじめ》で出頭、開省である。

◎29頁注
（1）柴原和（しばはらやわら）、竜野藩。明治二年甲府・岩鼻県大参事から四年宮谷（みやざく）県権知事（『明史典②』一六八頁）。
（2）本野盛亨（もとのもりみち）。神奈川県御用掛、横浜税関長。読売新聞社長（『明史典③』六五一頁）。
（3）侍は士族と卒のみとし、その領地を収公し、身分に即した給米を与えると布告。補注［一九］。
（4）大原重実（おおはらしげみ）。宗城とエディンバラ公領客使を勤めた後、第一次酒田県知事（『百官 一』一八七頁）。
（5）深瀬仲麿（ふかせちゅうま）、医師、十津川郷士。明治二年大阪府小参事（『人名』八三八頁）。

同廿五日
○先帝御拝礼ニ付参亦神儀《ママ》官へ
　出る
同廿六日吉井(1)上京ヲールト(2)鉄道申遣ス
同廿七日不参
○神奈川より澤始帰る
　　廿三日英飛脚船と米軍
　　艦突當米艦沈没の大議
　　論候よし
○当月廿日より名古屋在清洲支配下
　一揆(3)起候事
同廿八日
○今暁数奇ヤ橋外より出火及大火
　近火ニ候処風筋よろしく無事也
同廿九日
○於省判任以下歳暮御祝儀
　受
同晦日
○午後爲歳末御祝儀参

同二五日
○孝明天皇ご拝礼があり参内。神祇官へも顔を出した。
同二六日
　吉井が上京し、長崎英商オールトの鉄道敷設案を述べる。
同二七日 参朝せず。
○神奈川から沢外務卿など帰る。
　二三日英郵船と米軍艦が衝突し、米艦が沈没して、大騒ぎとのこと。
○今月二〇日より名古屋の清洲領で一揆が起こった。
同二八日
○今早朝数寄屋橋辺から出火、大火となる。近所だったが風向きがよく、当方は無事なり。
同二九日
○省内で判任官以下の歳末の賀詞を受ける。
同晦日
○歳末なので午後参内する。

(6)十津川郷士に禁裏守衛の負債があり、仲麿がその返済を政府に交渉。恩賜五千石で解決。

◎30頁注
(1)他文献にこの日のレイとの契約は表れないようなので、一一月二六日に締結した第二命令書(『大外文二ノ三』三九五－四〇三頁)をこの日追記したのか。
(2)宇和島藩桜田大助(さくらだだいすけ)、親義(ちかよし)。正七位外務権小丞(「官職録②‐4」六六丁)。
(3)「ボーイ」か。詳細不明。
(4)アレックスの主案件はこの日政府、レイ、横浜OBC(東洋銀行)支店長の三者会談があり、レイ契約の不備が指摘されたが、レイが応えられなかったことの報告だった可能性が

内
○退出岩倉へ参候処寺島丸焼ニ付
　月給之内被下度旨内談有之候也
三庚午
正月元旦
○参賀
○四日《ママ》政始ニ付参退出省へ参候
○八日《ママ》御用向今日より開ク
○九日《ママ》より十二日沾所労引
同十三日
○参省
同十四日
○行幸ニ付神祇官(1)へ詰ル
○望《ママ》
○参賀
　一坊城大辨より無役華族
之者家族引越(2)候而も手当
可被下事大蔵省へ最前
打合無之ニ付難相渡赴の

○退出後岩倉邸に寄ると、寺島宅が丸焼けな
　ので月給の範囲内で見舞金下賜の内談あり。
明治三年庚午
正月元旦
○参賀。
同四日　政始《まつりごとはじめ》なので参朝のあと省に行った。
同八日 仕事は今日から始まる。
九日から一二日まで不快で休む。
同一三日
○出省。
同一四日
○行幸があるので神祇官に詰める。
同一五日
○参賀
　一無役華族の家族の引っ越し手当を前もって大蔵に相談もなく支給することはできないのに、坊城俊政大弁が要請。大隈も最初は無役者は調査しなければ支給しないとしていたが、実際無月給で困惑して

ある（『日鉄草』一〇九－一一九頁）。
（5）就任早々の大原重実（おおはらしげみ）酒田県知事が相談に来た。補注[一〇]。
（6）文久三年幕府は洋書調所（ようしょしらべじょ）を開成所（かいせいしょ）と改称。明治元年九月政府は開成所を復活させ、二年一月に開成学校と改称。一二月には大学南校となる（『明史典②』八〇〇－八〇一頁）。

◎31頁注
（1）Francis Ottiwell Adams（フランシス・オッティウェル・アダムス）。英公使館書記官（『大外文 一ノ二』「付録三」二二一頁）。

◎32頁注
（1）渡辺昇（わたなべのぼる）、大村藩。渡辺清（わた

處大隈最初無役之
者ハ不済調ニハ不加様申置候
儀且事実無月俸当惑
ニ付十分一減候ても渡方有之
度三條始同意のよし
一《万里》(1)目方被下~~米浅草俵~~て四斗
俵にて於西京相渡候處
浅草蔵定三五ニ付過米
取立云々被免度よし
同十七日
○望日東京府より兵隊品縣ニ操《ママ》出候よし
○軍神祭祝砲於本城
天覧ニ付出ル　親兵薩土也(2)
同十八日
○戸籍調三條へ出置候
○シーボル来ルサガレン(3)島魯外国局密意
英より公使へ申来候よし
同十九日
○シーボルト雇之事寺島(4)へ談候事

いるので、一割方減らしてでも支給すればと、三条なども同意しているとのことである。

一《万里小路から》目方で下された米を四斗俵で西京で渡したところ、浅草蔵定めの三斗五升で計り、過米を取り立てるのは免除してほしいとのことだ。

同一七日
○一五日に東京府から兵隊が品川県に繰り出したとのことだ。（行先［山口］まではあえて書かない）。
○宮城《きゅうじょう》の軍神祭の祝砲を天覧されるので参内。親兵は薩兵と土佐兵だった。
同一八日
○自分の戸籍調書を三条に提出した。
○シーボルトが来て、樺太ロシア外国局の秘密情報を英本国から公使へ通達してきたということだ。
同一九日
○シーボルト雇用の件を寺島大輔に話した。

なべきよし）の弟。明治二年八月弾正大忠（『百官 二』六〇頁）。渡辺兄弟については外山幹夫『もう一つの維新史』新潮選書参照。

（2）松方正義（まつかたまさよし）、薩摩藩。明治二年七月から日田県知事（『百官一』一四八頁）。

（3）渡辺と松方の極秘上京は福岡藩贋札事件の報告とみられるが、これが表面化するのは翌三年に入ってからで、これは廃藩置県に向けた大藩掣肘の意味合いがあった（『明史典③』二八四頁、『黒長溥』一八九－一九六頁）。

（4）特定の役所への通達が達（たっし）で、一般へのそれが触（ふれ）。重要な社会的伝達システム（『国大典12』）三六七頁。

同廿日
○同人へ及話置候事
同廿二日
○大隈参自分石川島(1)へ行く
同廿三日
同廿四日
○御會始ニ付参
同廿五日
○堺縣矢島源助(2)准少《ママ》参事陳情
同廿七日
○大森縣(3)届十五日夜濱田市中一揆(4)起ル抜刀小銃ヲ携山口藩除隊五六人加リ候由
○五字頃より楮幣局出火半焼
同廿八日
○アダムスニ逢
同廿九日
○島田正六位善宗寺葆晃(5)出省
仲春朔
○今里(6)へアダムス来養蚕布(7)心付承ル

同二〇日
○右のことをシーボルトに話しておいた。
同二二日
○大隈が来たが自分は石川島造船所へ行く。
同二三日
同二四日
○歌会始なので参内。
同二五日
○堺県矢島源助准小参事が陳情に来た。
同二七日
○大森県届。一五日夜浜田市中で一揆。抜刀小銃を持った山口藩除隊兵が五、六人参加の由。
○五時頃に楮幣局から出火して半焼。
同二八日
○（一二月一六日に面会を断った）アダムスに逢った。
同二九日
○本願寺島田正六位と善宗寺葆晃が陳情に来た。
二月一日

◎33頁注
（1）吉井幸輔（よしいこうすけ）、具実（ともざね）、薩摩藩。弾正大忠（『百官 一』四四一頁）。慶応三年西郷と宇和島で宗城に拝謁。
（2）William J. Alt（オールト）、長崎オールト商会主。
（3）凶作による農民一揆で今尾・犬山両藩兵によって沈静化（『明農騒』一〇六頁）。

◎34頁注
（1）「十四日車駕神祇官ニ臨ム」（『史要』一八四頁）。
（2）西京（せいきょう）（京都）から東京への引っ越し。

◎35頁注
（1）「万里」は万里小路博房（までのこうじひろふさ）会計官知事。

同二日
○昨日致軽我ニ付当分不参
同四日
○今日祈年祭有之
○主上近日御種痘(1)可被遊旨伊東(2)
　話右ニ付忠千代(3)種の控(4)ニ約ス
同五日
○荒木濟三郎(5)貧民救恤策出ス
○午後英公使来ル
　庄内一件書付共
○養蚕布告書間違の事
○器械各国より勝手ニ持渡
　爲見ものニいたさせ候ハヽ早く開ケ
　可申日本之評判宜しくと存候由
　十ケ月位ハ懸リ候由
○木綿種十三四箱(6)可差越旨
○新和蘭陀《アウスタラリー也》奉行より日本国
　と草木種もの交易申度由
　五六十元之種苗用意差遣

○今里までアダムスが養蚕布の説明に来た。
同二日
○昨日ケガをしたので当分は出省しない。
同四日
○今日は祈年祭《としごいのまつり》がある。
○天皇が近日種痘をなさると伊東玄朴の話なので、忠千代を痘苗の控えにと約束した。
同五日
○荒木済三郎が開拓による貧民救済案を提出する。
○午後英公使が来て、荘内藩についての書類も付けて。
○養蚕布告書の過ちを指摘。
○工業機械類は各国から勝手に持参させて展示させれば、工業化も早く進むでしょう、日本の評判もよくなるとのこと。一回につき一〇カ月ほどはかかるそうだ。
○例の木綿種を一三、四箱送ってくるそうだ。
○オーストリア役人が日本と植物種子の交易を希望の由。五、六〇両分の種子苗を

（2）「天皇、軍神を皇城（旧本丸跡）ニ祭リ、練兵ヲ覧ル」（『史要』一八四頁）。
（3）サハリンの古名。
（4）七月八日から外務大輔（『百官 一』九二頁）。

◎36頁注
（1）嘉永六年幕府が水戸藩に造らせた隅田川河口石川島の造船所。安政三年に洋式軍艦、慶応二年に蒸気軍艦が竣工。現石川島播磨造船所（『明史典①』一一一頁）。施設を視察。
（2）矢島源助（やじまげんすけ）、熊本郷士。徳富蘇峰・蘆花の叔父（『明史典③』六七九頁）。
（3）明治二年旧浜田藩領と石見銀山領を合併し大森県とした。
（4）明治三年正月一三日から二三日にかけて、元山

され度赴ニ付頼置候事
　神奈川ホンゾー人(1)引受之筈
同七参省
○イスパニア公使来
○長山藩情(2)承ル
同八日
○参
　○土出兵拝借○長兵帰藩(3)
同九日
○幸輔来筑談
○ハマダ鎮静ニ相成候事(4)
同十日
○渡辺着ス
○大阪ニテ通商之金掠取候事
○渡辺見込(5)
　△按察府は太政官屬度
　△察府へ監督出張有之度
　△若松ヲ察府ニテ致管轄度
　　三紙

用意してほしいらしいので頼んでおいた。神奈川の薬種商が引き受けるはず。
同七日 参省。
○スペイン公使が来訪。
○脱隊騒動が起きた長州藩の情勢を聞いた。
同八日
○参省。
　○土佐藩兵を拝借。○長州兵が帰藩
同九日
○吉井幸輔が福岡藩官札贋造を報告。
○浜田の脱隊兵騒動は鎮静化した。
同一〇日
○渡辺清着京。
○大阪で通商（司の？）の金銭が奪取された。
○渡辺の考えは、
　△按察府は太政官直属にされたい。
　△按察府にも監察官を出されたい。
　△若松を監察府で管轄されたい。
　　右三種の書類を出す。

口藩除隊前田誠一らを首魁とする一揆が起こったが、大森県や元銀山付地役人（じゃくにん）等によって鎮圧された（『明農騒』四三六―四四八頁）。
（5）本願寺島田正六位と僧葆晃（ほこう）が利根川開墾を願い出た（「太類典一・九三」一七丁」）。葆晃についてはデジタル史料「四傑僧」参照。
（6）今里村と白金村にかけて通称伊達山の地名があり、宇和島伊達家関係の地所として利用されていたようだ。補注［三二］も参照。
（7）蚕が産卵する布。

◎37頁注
（1）明治天皇の種痘については補注［二一①］。
（2）伊東玄朴（いとうげんぼく）。藩主閑叟への痘苗

救荒胸算
磐城岩代凶耗倍次(1)
転藩移府
○慶三郎(2)支配所ノ事
○盛岡藩献金並支配所ノ事
○七戸藩(3)支配所ノ事
○元三戸縣(4)復旧大参事人選ノ事村上一学
○大泉藩(5)献金並支配所ノ事
○松嶺藩(6)支配所村替ノ事
○十一藩入込村山郡改革並転府ノ事最上居城山形を近江へ移す
○監督司按察府在勤
○棚倉藩支配所村替ノ事
○北海道開拓ノ者處置ノ事
○諸商物出入出税金規則ノ事
○白河縣處置ノ事　権知事清岡岱作(7)
○仙藩旧領士族處置ノ事
同夜シーボルト来話ス
同十二日
○寺島へシーボルト之事話ス

救荒の胸算用
磐城岩代の凶耗は増加するばかり
転藩とか移府の問題
○松平容大の支配《しはい》地斗南藩のこと。
○盛岡藩献金と支配地のこと。
○七戸《しちのへ》藩支配地のこと。
○元三戸《さんのへ》県復旧と大参事人選のこと村上一学。
○大泉藩献金《けんきん》と支配地のこと。
○松嶺藩支配地の村替えのこと。
○一一藩が入り込んでいる村山郡の改革や転府のこと（最上居城山形を近江へ移す）。
○監督司を按察府に在勤させる。
○棚倉藩支配地村替えのこと。
○北海道開拓者の処置のこと。
○諸商品の出入税金規則のこと。
○白河県処置のこと　権知事清岡岱作。
○仙台藩旧領士族の処置のこと。
夜にはシーボルトが来て話をした。
同一二日
○寺島へシーボルトのことを話した。

輸入進言から、佐賀と大村藩医の協力で嘉永二年最初の牛痘接種が成功（『近医先』一四八－一四九頁）。弘化四年玄朴は宗紀七女に人痘を種痘して成功（『宇医史』四四頁）。
（3）宗城五男信広（のぶひろ）、幼名忠千代（ただちよ）。母妾栄浦（えうら）。子爵滝脇信成養嗣子（「御子様」、『図録』三七九頁）。
（4）補注［二一②］。
（5）補注［二三］。
（6）明治二年一一月一三日「米国よりわた種寄贈」の記事（二六頁）に関係。

◎38頁注
（1）「本草人」薬種業関係者。
（2）長州藩、長府藩または徳山藩の誤記か。脱退騒動関連か。

同十三日
○渡辺如申立棚倉始へ〆五万両可相渡事
同十四日
○右府渡辺判官民部少《ママ》輔之義申立候
同十五日
○今朝筑一条書付寺島へ遣す
同十七日
○参右府へ渡辺之事申述承知[1]
家禄戸籍之調十九日否可有之筈
○当月十二日辻村馬場村辺一揆[2]起リ
胸中一物アリ
不容易由阪地兵隊多分出張也
○御實母東下賜別邸云々之事
○西本願寺開拓願之事
○半蔵怖《田安》橋被免通行可然ニ付取
繕之事坊城談ス
同十八日
○カラフト十一月廿三日出立両人[3]着ス
同十九日参
○唐太へ五万両○本願寺願催促

同一三日
○渡辺要求の通り〆五万両を棚倉藩などへ支出。
同一四日
○岩倉右大臣が渡辺清の民部小輔昇進を提案。
同一五日
○今朝福岡贋金造《にせがねづくり》一件書類を寺島へ送った。
同一七日参朝。
○岩倉に渡辺一件の異見を述べ岩倉了承。
家禄・戸籍調査は一九日に可否が決まる。
○今月一二日辻村、馬場村辺で一揆勃発。
胸中一物アリ
容易ならざる事態で阪地兵隊が多数出動した。
○ご実母様東下で別邸下賜などのこと。
○西本願寺が北海道開拓を願い出た。
○半蔵門と田安橋は通行許可でよいので、修理する旨を坊城が話した。
同一八日
○カラフト一一月二三日出立の二人が到着。
同一九日 参朝

（3）脱退兵騒動で長州兵が急遽帰藩。
（4）浜田騒擾（一月二七日記事、三六頁注4）が沈静化。
（5）渡辺清の報告は△印が按察府の格上げの要求で、三紙は提出された意見書類、○印の一三行は民部省管轄の地方行政の諸問題を列挙している。

◎39頁注
（1）「倍蓰（ばいじ）（数倍に増すこと）」の当て字。
（2）旧会津藩主松平容保（かたもり）長男斗南藩知事容大（かたはる）、幼名慶三郎（『人名』九一九頁）。
（3）盛岡藩支藩。
（4）盛岡藩没収地に置かれた県。
（5）元庄内藩。
（6）元庄内藩支藩松山藩。

同廿日
○（ママ）
同廿二日
○養蚕書付之事
昨夜伊藤より書通
　一貨幣之事
　一船之事　津軽船（1）　仏船
同廿三日
○若松按察府管轄ニ相成候事
同廿四日
○パークスへ蛹の説書付相廻候事
○布哇島より移民男三十五女四日（ママ）
十二月六日出帆二月六日着ス
○清水家被相建候事（2）　徳川篤守
同廿五日
○造銭局へ参候
同廿七日
○樺太金穀遣候処決ス
同廿八日

○カラフトへ五万両○本願寺願いを催促。
同二〇日
○
同二二日
○養蚕書類のこと。
昨夜伊藤から書通あり、
　一貨幣のこと。
　一船舶のこと。　津軽船　仏船
同二三日
○会津若松が按察府の管轄に入った。
同二四日
○パークスへ蛹《さなぎ》の説明書を廻した。
○ハワイ島から移民男三五人、女四人が一二月六日出帆、二月六日到着した。
○慶篤の次男篤守に清水家を継がせられた。
同二五日
○造銭局へ行った。
同二七日
○カラフトへ金穀を廻すことに決した。
同二八日

（7）清岡公張（きよおかたかとも）、土佐郷士。子爵、東山道大監察（『人名』三四三頁）。

◎40頁注
（1）渡辺清を岩倉は民部小輔に推したが、一七日宗城が岩倉と相談の上一階級下の民部大丞で落ち着いた（『百官 一』一三四頁）。この時の民部小輔は伊藤博文。
（2）下肥（しもごえ）を各村に分轄していたのを相対で随意と変更したことで、二月一一日に西成郡加島村などで起こった農民騒擾。一二日には平定（『明農騒』三〇八頁）。
（3）ひとりは旧宇和島藩士城山静一の可能性がある。宗城は城山を英米艦船に便乗させて樺太を何度か調査させている（『維史綱』

○新田万次郎(1)一件書付
○長鯨亦損六昼夜脩《ママ》復ニ懸候由
○洛中境界改正地子如以前被免候事
同廿九日
○西本願寺開墾願済候事
同晦日
○樺太五万両遣候事内一万五千両ハ
米千石ニ当引ク
○上の監督(2)外務省へ爲勤度よし
三月二日
○駿藩小泉司来
同四日
○筑士一条(3)
英公使へ昨夕引合置候也
同五日参
○山口弁官へ轉候事(4)
○宮内卿より
宮女往来給之事
月手当モ当時大蔵より出候由

○新田官軍首領新田万次郎一件書類。
○長鯨丸また故障、修理に六昼夜かかる由。
○洛中の境界を正して前の通り地税を免ずる。
同二九日
○西本願寺の開墾願いが通った。
同晦日
○カラフトへ五万両送るが、うち一万五千両は、米千石で支払う。
○上野景範を外務省に勤めさせたいとのこと。
三月二日
○静岡藩小泉司が来た。
同四日
○筑前藩士一件英公使へ昨夕引合せておいた。
同五日
○山口尚芳は弁官へ転じた。
○宮内卿から、
官女の往来手当を大蔵が支給していて、今は月々の手当も大蔵から出ている由。

一〇冊、一九五頁。城山静一『樺太日記』伊達文化保存会史料)。

◎41頁注

(1) 新政府による北海道開発のため津軽海峡渡海の船舶が喫緊の課題だった。フランス船を借り上げたか。

(2) 三年二月に水戸藩主徳川昭武(あきたけ)の甥(慶篤(よしあつ)の次男)篤守(あつもり)が清水家当主になった。

(1) 新田俊純(にったとしずみ)、万次郎(まんじろう)、旧交代寄合旗本。新田勤王党首領として岩鼻県で下獄、後放免され男爵に就爵。長女武子が中井弘(ひろむ)妻、のちに井上馨(かおる)妻(『人名』七四九頁)。

(2) 上野景範(うえのかげ

○京地子免許之事林(1)往来
○長松より官員二年以上
　旅費且家族入費之事
同十七日
○山口出立ニ付来
○濱田懸《ママ》届二月十五日より追々管
　内へ入込殆四十人余ニ相成由(2)
　但去ル八日より及接戦候處干城
　隊(3)より講和之取扱ニ而器械相
　渡候処《ママ》
同八日
○参薩献金十六万九千余両
　右の内十万両々度ニ西京救助云々
　三條被申付候事
同九日
○赤松大三郎(4)へ土木権正へ申立候
同十日
○平井義十郎(5)驛権正ニ申立候長小参事
○元會段々軍より移七百人慶三郎支配離れ候事

○京都の地子税免除の件で林が両京間往復。
○長松から、官員で二年以上経過すれば旅費が支給され、家族の経費も出ている。
同七日
○山口尚芳が出立の挨拶に来た。
○浜田県届では二月一五日から次第に管内に暴徒が入り込み四〇人余になったそうだ。
　但し去る八日から接戦となったが、干城隊が講和に持ち込み、武器などを渡させた。
同八日
○参朝、薩摩献金一六万九千余両
　右のうち一〇万両は二回にわけて京都救助など、三条が申し付けた。
同九日
○赤松大三郎を土木権正に進言した。
同一〇日
○長崎県小参事平井義十郎を駅逓権正《えきていごんのしょう》に推挙。
○元会津兵は次第に軍から移り、七〇〇人が

のり）民部監督正（『百官一』四四五頁）。六月には大蔵大丞としてヨーロッパ出張。外務に移るのは帰国後の明治四年（同右書四四六頁）。

（3）この時点でイカルス号事件は解決ずみ。贋金造りに関係しているのか、詳細不明。

（4）山口尚芳（やまぐちなおよし）（『大隈伝④』四五二頁では「ますか」、「ひさよし」とも）。民部・大蔵大丞から中弁（『百官一』三五六頁）。

（1）林半七（はやしはんしち）、友幸（ともゆき）、奇兵隊参謀。軍監として東北出張、治安・行政に当たる。二年九月岩倉具視公用人。三年三月民蔵大丞（『明史典③』一八二頁）

同十二日
○鉄道懸モレル[1]着ニ付大隈伊藤逢候也
○仏より買入テープアル船燈[2]明台と政府運用
　ニ当る
○慶三郎《容大》へ五ヶ年手当当年両度ニ下
　賜ニ付降伏人当年中に支配所へ移住
　爲致候事公用人小出鉄之助より申出候
同十三日
○慶三郎北海道へ移リ居候者其侭被
　召遣度歎願ス　△松脱金山次郎[3]
○樺太廻五万金
同十四日
○赤松大三郎ハ軍務官へ任用
○無人島開拓一条長松にて取斗候由
同十五日
○伊公使[4]アトミラール参ニ付出る
同十六日
○英軍艦見物ニ参る
同十七日

斗南藩知事容大《かたはる》の支配から離れた。
同一二日
○鉄道掛のモレルが着京、大隈と伊藤が会った。
○仏から購入したテーボール船と灯明台とは
　政府が運用にあたる。
○斗南藩に五カ年間は補助金を出し、今年は
　二度にわたって支給するから、敗残兵を今
　年中に斗南に移住させると、公用人小出鉄
　之助が申し出た。
同一三日
○容大が北海道居住の旧藩士はそのまま召し
　使われるようにと嘆願した。
○カラフト送りの五万両。
同一四日
○赤松大三郎は軍務官採用となった。
○無人島開拓は長松が取り計らう由。
同一五日
○イタリア公使と提督が来たので出た。
同一六日
○英軍艦を見物に行く。

（2）長州脱退兵騒動の余波が浜田県に及んだ。
（3）下級武士や庶民で結成された諸隊を統制するため、萩藩の手廻組や八組士など正規藩士によって組織されていた（『明史典②』六七三―六七四頁）。
（4）赤松大三郎（あかまつだいさぶろう）、則良（のりよし）、旧幕臣、静岡藩士。補注［一三］。
（5）平井義十郎（ひらいぎじゅうろう）、希昌（きしょう）。幕末期の通事、明治前期の外交官でその活躍は多岐にわたる（『明史典③』二四四頁）。長崎府小参事で閥のない義十郎が中央政府で活躍できたのは、宗城のスカウトから。

（1）Edmond Morel（エドモンド・モレル）、鉄道建設

○廿日ラン公使(1)参ニ付出頭申来
同十八日
○風邪ニ付今日より不参同十九日《ママ》アタムス來ル
同廿日
○蘭公使へ於遠《ママ》遼館逢候事
同廿一二両日不参
同廿三日
○高徳藩(2)支配地高書損ニ付中村始進退
　伺候處不及其義由
同廿四日
○吉井始(3)百八十五石足シ四百石之評議ハ
当省及建議候通十分一弐百五十石被
下候事右ニ付田安一橋北條抔も不日被
仰出候よし
同廿五日
○卿帰京西京事情承候事
同廿七日(4)
○鷲尾(5)五條縣被　仰付候事
同廿八日

同一七日
○二〇日の蘭公使来訪に立会うよう言ってきた。
同一八日
○風邪で今日から休む。一九日アダムスが来た。
同二〇日
○蘭公使に延遼館で会った。
同二一―二二両日不参。
同二三日
○高徳藩領地高を書き違え中村始が進退を
　伺ったが、それには及ばぬとのこと。
同二四日
○吉井信謹の一八五石増給し四〇〇石とするのは、当省の建議通り現石の十分の一増しの二五〇石下さることになったので、田安、一橋、北条なども近いうちに仰出がある由。
同二五日
○卿が帰られ西京の事情（止刑事件、脱隊騒動など多事多難な情勢）を伺った。
同二七日
○鷲尾隆聚が五条県知事拝命。

を主導した英国土木技師（Civil Engineer）（『モレル』八九頁）、日本着は明治二年三月九日（同前書二四二頁）。補注［二四］、「解説五」一一〇頁参照。
（2）Thabor（テーボール）号（読みは『お雇い①』六九頁）。最新式の豪華フランス船で、灯台補給船としてパークスが購入を薦めた（同右書六九―七八頁、『Cort』八六―九五頁）。
（3）不明。
（4）Conte Vittorio Sallier de la Tour（ヴィットリオ・サリエル・デラ・トゥール伯）。

（1）Dirk de Graeff van Polsbroek（ディルク・デ・グレーフ・フォン・ポルスブレック）。
（2）山稜奉行の功績で戸田忠至（とだただゆき）が高徳藩を賜り大名となる

○政府ニ而阪地膽澤縣(1)内救荒之
談有之
○吉井幸輔民兼蔵小輔且林ト得
能良之助(2)民兼蔵大丞追々可被
仰付候旨
○大小輔申合林得能ハ小丞ニ相成度旨
岩倉へ申立承知也(3)
同廿九日
○《ママ》
同晦日
○塩田三郎(4)
○膽澤情實承候事處置済
○望日之事シーボルトニ承候
四月朔
○参賀岩より大丞之義承候事(5)
同二日
○造幣局雇英人(6)四名着横濱候由
同《ママ》
○藩楮幣旧バク時分より高増居

同二八日
○政府で大阪と胆沢県の救荒についての議論があった。
○吉井幸輔を民部大蔵小輔に、林半七と得能良介を民蔵大丞にする方向で廟議は固まっている旨。
○大隈大輔と伊藤小輔の意見で、林と得能は小輔が相当として岩倉へ申し立て承知された。
同晦日
○塩田三郎を政府で雇用すること。
○胆沢県の実情を聞く、この件は処置ずみ。
○一五日のことはシーボルトから聞いた。
四月朔
○参賀に出て岩倉公から大丞問題の結論を聞いた。
同二日
○造幣局雇用の英人四名が横浜に着いた由。
同
○藩札が旧幕時代よりも増加しているので、

（二六頁注4参照）。
（3）吉井藩知事吉井信謹（よしいのぶのり）。
（4）この日上野景範（うえのかげのり）が鉄道事務局総理（『明前国』一二五頁）。
（5）鷲尾隆聚（わしのおたかつむ）、公家、高野山蜂起を主導した武道家。五条県知事から兵部大丞（『人名』一〇八八―一〇八九頁）。県知事の人事権は太政官で決定。

（1）明治二年八月陸前国北部・陸中国南部に置かれた県。旧仙台領登米（とよま）や胆沢（いさわ）県では維新政治への失望と凶作に帰農士族の不満が爆発、一揆に発展（『明農騒』六九―八一頁）。
（2）得能良介（とくのうりょうすけ）、薩摩藩。明治三年

候處其侭申立候而ハ増之分
通用禁止可相成や御一新後
ハ不致増製候事
渋澤神祇官水戸氏名
（右行に下記の付紙）西宮諸陵権助馬車水の
○吉井箱物頼候事
同三日
○参岩談
一駒馬場調練　一製《ママ》度規則
一棚[1]倉家係
同四日
○造幣英人逢候事
同五日
○大臺原図之事吉井坂本
●御神等料の事
同七日
○参
○東京府屬士族家来給料之事
○込ミ高[2]新田ハ不被下事

そのまま報告すれば、増し分は通用禁止になるのではないか。御一新後には増刷りはしていない。
渋沢神祇官水戸氏名
（右行に下記の付箋）西宮諸陵権助馬車水の
○吉井が箱物を頼んだ。
同三日
○参朝、岩倉の話
一駒馬場調練　一制度規則
一棚倉家係
同四日
○キンデルなど造幣局雇用の英人に会った。
同五日
○大台ヶ原地図のこと。坂本。
●御神等料のこと。
同七日
○参朝
○東京府属士族と家来の給料のこと。
○新田には込み高は下されないこと。

四月民部兼大蔵大丞（『人名』六六四頁）。
（3）吉井、林、得能（良）の人事案件は大久保から出ていて、林と得能は少丞でよいという宗城らの意見を岩倉が大久保へ知らせていたが（『大利関 一』二四六頁）、大久保に押し切られた（補注［二五］）。
（4）塩田三郎（しおたさぶろう）、通弁、幕臣。神戸・堺事件でロッシュの通訳塩田の能力を宗城は評価（『叢書③』二二、二九、三一頁）。三年四月一七日民部出仕、六月民部権小丞、鉄道御用（『百官 一』四〇九頁）。
（5）林、得能の民部大蔵の「小丞」案が挫折。補注［二五］参照。
（6）横浜に着いた造幣局雇い英人の四人については補注［二六］。

同八日
○塩田三郎来ル(2)　津田山五郎(ママ)(1)
○横濱三月輸入出
入　一支那米○砂糖○ラシャ唐糸類
　〆洋銀百八十五万四千四百よ
出　一生糸○六品○茶
　〆同前九十五万千三百よ
○来ル十二日より八字参
内二字退出諸省より十字より十二字迄
ニ出候様申来候事
同九日
同十日
○山雄権大製鉄所惣轄ニナル(3)
○雲井龍雄(4)宮澤左衛門当月上旬弾
臺より謹慎申付候事其段東京
府へ浪人共より伺書差出候処追而御沙
汰可有之付札ニ付雲井宮沢歎願
相貫候ハヽ濱町辺へ屯所取建市中
取締所ニ可相成と専ら相唱候由

同八日
○塩田三郎が出頭。政府出仕の話。　津田山三郎
○横浜三月輸出入
入　一支那米○砂糖○ラシャ、唐糸類
　〆洋銀一、八五四、四〇〇余り。
出　一生糸○六品○茶
　〆同前九五一、三〇〇余り。
○来る一二日から、八時参内二時退出。諸省には一〇時から一二時までに出るようにと通達があった。
同九日
同一〇日
○山尾庸三が民部大蔵権大丞として横須賀製鉄場事務取扱に就任。
○雲井竜雄、宮沢左衛門は今月上旬弾正台から謹慎を命じられた。それについて配下の浪人から東京府に伺い書が出され、そのうちに処置が決まるとの付け札の返事だったので、雲井や宮沢が運動を貫けば、浜町辺に屯所を設け取締所にすると一味がもっぱ

◎47頁注
(1) 安部正功（あべまさこと）、陸奥棚倉藩知事か。
(2) 知行割替で同じ知行高でも租米収入が減少した場合、不足分に見合う増高（『日国典』）。

(1) 津田山三郎（つだやまさぶろう）、信弘（のぶひろ）、北陸奥羽鎮撫使参謀、明治三年五月熊本藩権大参事（『人名』六三一頁）。
(2) 宗城はアレックス同様に貨幣鋳造・OBC（オリエンタルバンク）・鉄道関係の外交交渉のために塩田の採用を考慮。
(3) 民蔵権大丞山尾庸三（やまおようぞう）（『百官一』二六九頁、補注［一七］）。
(4) 雲井竜雄（くもいたつお）、米沢藩。奥羽列藩同

○十二日孛公使(1)へ三字
○十三日花頂宮(2)参候事延引望後《ママ》
同十二日
○駒場練兵試《ママ》見物
同十三日
○孛公使館へ参蘭亦出會
○長崎へ参候由
○自国軍艦不遠参可申其時分
南方国へ参候故序ニ宇藩へ参
度よし(3)
同十四日出頭
同十五日出頭
同十六日演武場雨ニ付のび候事
同十七日
○演武場へ行
幸御先着
同十八日
○塩田被命候事(4)
同十九日

ら警戒しているということだ。
○一二日三時にプロシア公使館に行く予定。
○一三日華頂宮参邸の延引を希望し後日に。
同一二日
○駒場練兵式を見物する。
同一三日
○プロシア公使館に行く。オランダ公使にも会う。
○ブラントは長崎へ行く計画のようだ。
○自国の軍艦が近々来航する予定なので、ブラント公使もそのとき西南方へ行く。ついでに宇和島へも行きたいとのことだった。
同一四日出省。
同一五日出省。
同一六日　演武場が雨で延期になった。
同一七日
○演武場へ行幸あり。先にお着きあらせられた。
同一八日
○塩田三郎が民部に採用された。

盟活動家。戦争後も旧幕臣や敗戦浪人の救済を唱え、政府転覆陰謀罪で明治三年一二月梟首（『人名』三六六頁、『志と官』一七四―一九二頁）。

(1) Max August Scipio von Brandt（マックス・アウグスト・スキピオ・フォン・ブラント）、プロシア（北ドイツ連邦）代理公使。北海道征服計画をビスマルクに進言（「解説六」参照）。宗城はゲルトナー事件に関連して公使館に行ったと考えられる。
(2) 華頂宮博経（かちょうのみやひろつね）親王が留学についての相談に来たいとのこと、別の日を希望した。
(3) 補注［二八］。
(4) 四月民部出仕。六月民部・八月外務権少丞（『明史典③』一一一頁）。塩田

同廿日　所労不参
同廿二日午後出省
○四月十七日伊那縣動亂發砲一人斃
同廿三日アダムス来ル 博覧會の事云
同廿四日所労ニ付不参
○博覧會ニ付書面差越候事
同廿五日伺
天機参明日神奈川へ行候故也
同廿六日出立(1)
五月朔日帰着
同二日伺
天機候事省へ出頭
同三日
○出省三字より外務へ行英公使へ應接(2)
同四日参
朝スル ○度量衡申立置候
同五日参
朝
同七日出頭

同一九日
同二〇日体調不良で欠勤。
同二二日午後出省。
○四月一七日伊那県騒擾。発砲で一人死亡。
同二三日アダムス来る。博覧会のことを話す。
同二四日不調で不参。
○アダムスが博覧会の件で書類を寄こした。
同二五日
天機伺いに参内、明日神奈川へ行くためである。
同二六日出立。
五月一日帰京。
同二日
天機伺いのあと出省。
同三日
○出省。三時から外務省で寺島宗則らと英公使に面談。
同四日
参朝する。○度量衡について主張しておいた。
同五日参朝。
同七日出省

がロンドンの「タイムス」紙上で日本外国債発売を知り、国内が騒然となる（『日鉄草』一五一－一五三頁）。

(1) 四月二六日から五月一日の横浜出張は競馬名目で二八日アレックスに会い、彼からロバートソンの極秘レイ情報を得ている（「藍公記自明治三年正月至五月」三九丁、これは「御手帳留 明治三年四月二三日記事」の転写）。四月二五日と五月二日の天機伺参朝は三条か岩倉への報告だったと考えられる。反対派にさとられないための極秘の行動だった。補注［二九］。

(2) パークスに会い寺島外務大輔などとレイ公債問題を協議したと思われる。

○
浅草愁訴關八ヶ国
七八番□懸姦物
白井良平
同八日参
朝弾正臺与無隔意申談度由(1)
同九日
○出省より参
同十日
同十二日より同十七日迠所労引
同十八日省
同十九日省
同廿日省
同廿一日
○三職(2)急参阿兵より須本ヲ侵撃ス
須兵不手向就捕縛阿兵家ヲ焼米
金ヲ掠取候事(3)
三十人斗切り五十人斗捕
但在談藩《ママ》(4)二大隊斗也
○十四日雲井竜雄始所置済候事(5)

○
浅草愁訴関八ヵ国
七八番□県姦物
白井良平
同八日 参朝。
○弾正台と率直に話し合うよう指示された。
同九日
○出省のあと参朝。
同一〇日
同一二日より同一七日まで所労で休む。
同一八日 出省。
同一九日 出省。
同二〇日 出省。
同二一日
○大臣・納言・参議の三職が急ぎ参朝。阿波兵が洲本に侵襲、洲本兵は抵抗せず就縛。阿波兵は家を焼き、金銭を掠奪した。淡路兵三〇人くらいを斬り、五〇人ばかりが捕虜となる。
但し淡路藩には二大隊位の淡路兵がいた。
○一四日に雲井竜雄などの藩地謹慎処分決

(1) 大隈の「ついに内閣に於いて弾正台の台員と対決」(『大隈伝④』一八〇―一八三頁)に照応か。
(2) 大臣・納言・参議(『史要』一五二頁)。
(3) 戊辰戦争と版籍奉還の混乱の中で起きた藩内闘争(「洲本騒動」『明史典①』一五四頁)。脱退兵騒動の影を見る史観もある(「庚午事変の群像」徳島県立文書館)。
(4) 「淡藩(淡路藩)」の略。
(5) 脱隊騒動は鎮圧されたが、反乱の芽を剪除するため雲井は藩地米沢で謹慎処分(『志と官』一八五頁)、後に梟首(同右書一八六頁)。

同廿二日
○出省
同廿三日
○出省
○北海道樺太開拓料更ニ如左
廟決(1)
　△北海道
　　一金十三万両
　　一米一万石
　△樺太
　　一金十二万両余
　　一米五千石
同廿四日
○レー云々ニ付十一番バンク(2)へ委任之書
　面調印(3)伊藤へ遣ス
同廿五日
○外務且省
○明後廿七日十字参
内申来候事

定。
同二二日
○出省。
同二三日
○出省。
○北海道カラフト開拓増加費用左の通り廟議
　で決せられた。
　△北海道
　　一金一三〇、〇〇〇両
　　一米一〇、〇〇〇石
　△カラフト
　　一金一二〇、〇〇〇両余
　　一米五、〇〇〇石
同二四日
○レイの事件に関する一一番バンクへの委任
　状に調印して伊藤小輔に遣わした。
同二五日
○外務へ出て、あと出省した。
○明後二七日一〇時に参内を言ってきた。
同二七日

（1）明治二年八月伊藤は北海道要り用として五〇万両と三万石の金穀を上申している（『伊藤伝 上』四八〇頁）。
（2）Oriental Bank Corporation（オリエンタル・バンク・コーポレーション）（ＯＢＣ）は横浜一一番地にあった。
（3）レイを解任し、公債募集をＯＢＣに委任する書簡。

同廿七日
○省へ参る林(1)名代ニ参ス
○藩籍之義ニ付下問(2)来朔ニ沾《ママ》ニ出候様
同廿八日省
○土手(3)へ参候処議院へ右府始應御
沙汰出頭候處自分何故出頭無
之哉と大ニ不審候故不知と答置候
○戸田邸にて廣澤同論同答ス
同廿九日
○出頭取調候処名川史生(4)廿五日廻達
受取写取本書ハ点懸《ママ》兵部へ廻候由
写ハ其侭翌朝石井へ渡候斗にて
今日迠致失念居不届ニ付謹慎申
付且於自分省中疎漏ニ付進退伺
差出候事
同晦日
○大隈帰り左之通リ議ス
　○十一番會社へレー一条且鉄道
　一件申合書面商議ス

○省には出て、参内は林大丞に代行させる。
○版籍についてご下問。来月一日までに出すこと。
同二八日 出省。
○土手へ行くと、右大臣はじめ朝廷からのお沙汰で議院に出ているのに、自分はなぜ出頭しないのかと大いに不審がるので、知らなかったと答えておいた。
○戸田邸で広沢の同じ質問に同様に答えた。
同二九日
○出省して調べると、名川史生が二五日回達文を受け取り写したあと、本文は点検して兵部省に廻したとのこと。写しは翌朝石井へ渡しただけで今日まで忘れていた。不届きゆえ謹慎申し付け、かつ自分も監督不行届きで進退伺いを出した。
同晦日
○大隈が帰って来たので左の通り論決した。
○レイ問題の解決と鉄道敷設についての一一番会社との合議書面を検討した。

（1）三年三月から民部大蔵大丞（『人名』七九八―七九九頁）。
（2）集議院に下問の藩制改革案が各省へも下された（『明国成』三六頁）。
（3）木戸邸のことではないかと考えられる（五八頁注2参照）。宗城はしばしば隠語を使っている。
（4）史生（ししょう）は下級文官。

○山口参リハークスより贋札一条
申立候[1]ニ付上海トサンフランシスコニ而
贋有之由ニ付「両所索探遣
可然且内地處置三策の事
六月朔
○十一番會社へ公布書評決撿印
済候[2]事
○シーボルト」、ウーイト子ス[3]申付候故呼ヒ
公布書へ調印致候事
同二日
○出省
同三日
○外より出省
○英公使岩所労ニ付断予等
面晤と申事亦公使より可申
来筈也
同四日
○今日四字英公使應接
○明五日十字参　朝申来候事

○山口が来て偽札についてのパークス情報で、上海とサンフランシスコで日本の偽札が見つかった由。両所を探索させ、かつ内地の処置とこの三つが肝要のこと。
六月一日
○一一番会社に出すレイ条約破棄・馘首の公布書を評決して検印を済ませた。
○シーボルトを右公布書の証人に指定して、公布書に調印させた。
同二日
○出省
同三日
○外務省から民部大蔵省に行った。
○岩倉が所労で英公使との会談をキャンセル。自分との交渉に変更。公使からそう言ってくるはずだ。
同四日
○今日四時英公使に応接。
○明五日一〇時参朝の達しがあった。

（1）贋太政官札が出廻っているとパークスが忠告。偽造には英公使館のシナ人も関与、二九日に逮捕（「藍公記」自明治三年正月至五月四〇丁）。
（2）日本政府がレイとの契約を破棄し、レイ馘首を公布する「破棄命令書」に伊達民蔵卿、沢外務卿、大隈民蔵大輔、寺島外務大輔、伊藤民蔵小輔が署名捺印（「表4－2」『日鉄草』一五七頁）。
（3）アレックスを呼び右命令書の witness（証人）とした。

同五日
○前月廿九日進退伺候處不及
其義旨
同七日(1)
○出省　シーボルト
同八日
○楮幣ロンドンへ頼候事ニ決(2)
同九日
○花頂来臨洋行談
○シーボルト来ル
同十日参
○内申来大隈出ス度量衡下問也
同十二日
○於天津仏コンシュル教師婦人及殺害
コンシュル旅寺焼払於北京仏コンシュル
魯西亜人抔暗殺之由新風《ママ》紙シーボ
ルトより申越候事(3)
同十三日
○贋札人處置之事(4)

同五日
○先月二九日の進退伺いは、その必要がないとのこと。
同七日
○出省 シーボルト。
同八日
○紙幣印刷をロンドンに依頼することに決定。
同九日
○華頂宮博経親王来臨、洋行の話である。
○シーボルトが来た。
同一〇日 参内の下命に大隈出す。度量衡についてご下問なり。
同一二日
○天津では暴徒が仏領事、教師、婦人を殺害し、領事館を焼き、北京では仏領事、ロシア人などを暗殺したようだ。新聞情報をシーボルトから知らせてきた。
同一三日
○偽札人処置のこと。

（1）この日木戸が参議に就任（『史要』一〇〇頁）。

（2）在英上野弁務使らの判断でフランクフルトのドンドルフ・ナウマン社へ依頼（「付録三ノ二」注37）。

（3）「付録 三ノ一」参照。天津事件が原因で木戸のシナ・朝鮮親善使節中止（『岩倉中』八一八頁、『伊藤伝』五〇〇頁）。

（4）明治二年一〇月三日記事（一三頁）にあるシナ人による偽札造りと思われる。福岡藩の偽札捜査が終わるのは七月二二日（『黒長溥』一九三頁）。

同十四日
〇出頭
同十五日
〇シーホルト此度限雇之事大隈引受(1)
〇夜分十二字清水邸出火ニ付参ス
同十~~六~~七日
〇出省
同十八日
〇出省長岡宮へ兼勤シーボル決ス
〇三洲(2)へ画頼候事　長三州
同十九日
〇渡辺(3)岡本(4)上京
同廿日
〇参朝大丞以上民部之義及建白(5)
同廿二日(6)
モレル来リ電信機懸念内話スル(7)
同廿三日
〇大隈吉井行横
同廿四日

同一四日
〇出省。
同一五日
〇シーボルトをこのたび限りの雇いとして大隈が引き受けた。
〇夜分一二時清水邸が火事のため参内した。
同一七日
〇出省。
同一八日
〇出省。長岡宮へ兼勤。シーボルト移籍決定。
〇長三洲に絵を頼んだ。
同一九日
〇渡辺と岡本が上京してきた。
同二〇日
〇参朝して大丞以上が民部省について建白。
同二二日
〇モレルが来て電信機についての心配をもらした。
同二三日
〇大隈と吉井が横浜へ行った。

(1)「解説 四」一〇五頁参照。
(2) 長三州。日田出身の草莽、奇兵隊士。漢学者、文人画家。明治四年五月日清修好条規締結の宗城に随行(『明史典』六七二頁)。
(3) 渡辺清。
(4) 岡本健三郎(おかもとけんざぶろう)。土佐藩徴士。明治三年八月大蔵権大丞。立志社挙兵で収獄(『日近履』一二四頁、「渋伝資一二」二一一頁)。
(5) 卿宗城をはじめ大丞までが太政官に出て民蔵分離反対の建白をしたが、翌日の四参議連袂(れんべい)辞表提出に発展。大久保は「氷炭」なりと反発した(『大利文三』四七〇頁)。
(6) この日大久保、副島、後藤、佐々木高行の四参議が辞表を懐にして民蔵分離

○参電信丁抹より揚陸ニ付御尋也(1)
同廿五日
○出省
同廿七日
○当分八字出省二字退去ニ申付候
同廿八日
○シーボルト約条(2)外務廻ス
同廿九日
○参省
七月朔日
○参賀
同二日
○華頂宮洋行云々東伏見
宮歎願也(3)
同三日
同四日
○英公使新潟の事ニ付面會申
越候故九日十日両日の内ニ申遣置候
同五日(4)

同二四日 参朝。
○参朝。デンマークの電信機が陸揚げされたのでご質問があった。
同二五日
○出省。
同二七日
○当分八時出省、二時退省を申し付けた。
同二八日
○シーボルト関係契約書類を外務省に廻した。
同二九日
○参省。
七月一日
○参賀。
同二日
○華頂宮博経親王の洋行計画について東伏見宮彰仁親王が嘆願に来られた。
同三日
同四日
○英公使が新潟の件で面会したいというので、九日、一〇日両日にと申し遣わした。

を政府に迫った（「民蔵分離①」四一頁）。
（7）デンマーク電信会社の日本参入をモレルは危惧し宗城に直訴。

（1）政府はデンマーク電信会社の参入を防いだ（『工部省』一八三頁）。
（2）シーボルト日本移籍に関する伊達民部卿・大隈民部大輔とアレックスとの約定書（「解説四」の注104参照）を外務省に回覧。
（3）東伏見宮彰仁（あきひと）親王は鳥羽伏見戦争で、宗城を参謀に任命した軍事総裁仁和寺嘉彰（よしあき（ら））親王である（『在京』六二九―六三〇頁）。弟の華頂宮博経（ひろつね）親王洋行の依頼に来た（『明史典①』三一、五二〇頁）。
（4）この日シーボルトの

○出省渡阪候仙大参事議ス
同八日
○出省燈明丸帰帆支那事
情承る
同九日
○大隈より廟堂光景密示(1)
○蓮坡(2)ニ至條岩徳へ同兄(3)見込
申述不用由
同十日
○参三條より民蔵分省決議
の内達有之
愚見申述置候事(4)
○分省被
仰出候ニ付本官被免蔵卿被
仰付候事
同十一日
シーボルト来レー書簡持参爲見候事
○渡辺岡本来ル
同十二日

同五日
○出省。渡阪の仙台藩大参事の件を議論。
同八日
○出省。灯明丸が帰帆して支那の事情についてうけたまわった。
同九日
○大隈から廟堂の内情を密示された。
○木戸邸に行ったが、三条・岩倉・徳大寺みな木戸の意見を用いずということだ。
同一〇日
○参朝、三条から民蔵分離の決議の内達があった。
愚見を申し述べておいた。
○民蔵分離の命によって、民部は免ぜられて大蔵卿のみ仰せ付けられた。
同一一日
シーボルトが来て、レイ書簡を見せられた。
○渡辺と岡本が来た。
同一二日

日本移籍に関する約定書に伊達・大隈とシーボルトが調印。

(1) 大隈は廟堂の大勢は民蔵分離に傾いていることを話したと思われる。
(2)「坡」は「土手」のことだから、五月二八日記事の「土手」(五三頁註3)と同じ対象の隠語と考えられ、木戸邸を指すと思われる。それは「蓮坡」レンコン畑の堤にあったのかも。
(3) 木戸孝允。
(4) 分離反対意見の根拠を理論派宗城らしく詳述したと考えられる。

○分省儀ニ付参
○分省の覚(1)
民部省管轄
○庶務司
地理戸籍
土木司　駅逓司
鑛山司
聴訟(2)　社寺　鉄道
傳信機　燈明臺　製鉄(3)
大蔵省管轄
租税司
度量衡　改正懸
出納司　用度司
○営繕司　栄繕司（ママ）
造幣療　通商司
監督司
同十三日
○参分省屬司伺不決
同十七日

○民蔵分離で参朝。
○分省の覚書は以下の通り。
［民部省管轄］
庶務司
地理戸籍
土木司　駅逓司
鉱山司
聴訟　社寺　鉄道
電信機　灯明台　製鉄
［大蔵省管轄］
租税司
度量衡　改正掛
出納司　用度司
営繕司
造幣寮　通商司
監督司
同一三日
○参朝。分省属司伺は結論出ず。
同一七日

（1）灯台、駅逓、鉱山、鉄道、電信、製鉄など民蔵が主力を注いだ事業が岩倉、大久保、広沢が握った民部省に移されているが、駅逓を除く五事業は四カ月後の一〇月には新設の工部省の担当となり（『史要』二一九頁）、初代工部卿は伊藤博文で、結局は伊達・大隈・伊藤の手に帰した。分離政争の背景については補注［三〇］。
（2）訴訟を調べ判決する。
（3）製鉄、造船をはじめ横須賀製鉄所の運営。

○屬司決ス
大蔵省
租税　監督　出納
営繕　用度　造幣
改制懸(1)
○伊那縣届去月廿七日雷雨雹降
五ケ村程損候由
同十八日
○出省大隈帰京ニ付岩倉より昨日話候
当今施行懸條件傳達之義申合候処
爲差義無之吉井林承知故別段以
ケ条不申立由申通候事
○民部分轄(2)
土木司　驛逓司　鑛山司
聴訟掛　社寺掛　鉄道掛
傳信機掛　燈明台　横須賀
同十九日
○風雨
同廿日

○属司が決定した。
大蔵省
租税　監督　出納
営繕　用度　造幣
改正掛
○伊那県届け。先月二七日雷雨雹降り、五カ村ほど損害があった由。
同一八日
○出省。大隈の帰京で、昨日決めた分離後の民蔵分担の伝達を話し合ったが、さしたる問題もなく吉井、林も承知なので、別段箇条で申し立てないと岩倉へ通知しておいた。
○民部分担
土木司　駅逓司　鉱山司
聴訟司　社寺司　鉄道掛
電信機掛　灯明台　横須賀製鉄所
同一九日
○風雨。
同二〇日

(1) 民部省の「改正掛」は「改制懸」として名前だけ残った(「解説二」参照)。

(2) 一〇日の内示通りに決定した。

○監督等伺政府へ蓮坡出ス
○電気便仏与孛開戦端候由
同廿二日
○英公へ第一字より参候様申来候事(1)
○素糸(2)蚕卵紙増税の事
○朝廷ナキガ如シ(3)六省卿より政府へ
直々談シ候方可然と存候よし
○飛脚達候新聞
△外国ミニストル死去のよし
△日本留学生十七人借金の事
△△英国局外中立之事
△△魯サカレン島掠取ニ決候よし
日本政府へ誰欤中立石炭
堀取北進ニ付雑居之体ヲ不相
用赴ニ寄兵力ヲ用候焉
カムサズカより本国へ開便路候由
公使考雑居之談判ハ素
不宜魯亦雑居ヲ不用ト
申答ハ無理也

○監督などについての伺いで木戸を政府に出す。
○電信情報では普と仏が戦端を開いたそうだ。
同二二日
○英公使から一時に来るよう申し入れてきた。
○素糸・蚕卵紙増税について。
○朝廷の支配力弱く六省の卿ではなく政府に直談判する方がよいと考えているようだ。
○最近のヨーロッパ新聞情報では、
△外国公使の死亡。
△日本人留学生一七人借金のこと。
△△普仏戦争で英国は局外中立。
△△ロシアは樺太略取に決したそうで、日本政府へ石炭採掘を通知して、北部樺太へ進出したいから、雑居を拒否するために武力を用いるので、カムチャッカと本国間に連絡便を開いたそうだ。公使の考えでは、雑居交渉はもともとよくなく、ロシアは雑居を否定しているのだから、どだい無理な話だと。

（1）最近の外交案件や国際情報をパークスから聞く会談を依頼していたと考えられる。
（2）未加工の絹糸。
（3）明治二年七月の令制復帰で設けられた内閣に当たる太政官を構成する大臣・納言・参議の制度が暫定的未完成のうえに、雄藩の権力衝突の場の観を呈していた。六省の卿には重要案件の決定権はなく、太政官には複雑多岐に流動する行政の問題に対処する能力がなかった。それがパークスをして「朝廷ナキガ如シ」と言わしめた。六六頁の英国博覧会問題はその一例であろう。

△△寺島策亜ミニストル頼候処
魯不承知之よし内々
△　外国へ借金有之や内聞スル
△△港外へ軍艦ヲ碇泊
セシムル事
○貨幣紋之事
同廿三日
○三帝御諡号[1]被奉ニ付神祇官へ
参集申来候処及御断候[2]
○省同断
○今日致分省民部福岡邸ニ移ル
○シーボルト為暇乞[3]
○パークス之心底不離様云々
○機密以書簡可申遣と約ス
○皇国十年間位ニ不開化時ハ
可及危殆事[4]
○今日之内地形勢にてハ暫在
英都書生輩世話申度由[5]
同廿四日

△△寺島のアメリカ公使に調停を依頼する策はロシアが不承知だとのこと。
△　もともと外国への借金があるのだと内聞する。
△△露は軍艦を港外に碇泊させている。
○貨幣のデザインについて。
同二三日
○三帝のご諡号を奉るので参集と神祇官から言ってきたが、お断りした。
○省も同様休む。
○今日民蔵分離で民部は旧福岡邸に移動。
○シーボルトが暇乞いに来たので、
○パークスの本心から離れないこと。
○機密事項は手紙で指示すると約束した。
○皇国の将来はこの一〇年間位で開化しなければ危殆に瀕するだろう。
○今の内地の情勢では、しばらくはロンドン留学生の世話をしたいという。
同二四日
○出省。

(1) 三帝は光格、光仁、孝明天皇。
(2) 宗城はお断りした。
(3) シーボルトの欧州派遣にあたり宗城は具体的なツメをした。
(4) 内心をあまり吐露しない宗城には珍しい表白。開化政策を一〇年以内にやり遂げなければ、維新は失敗に終わると危機感を露わにしている。
(5) 「解説 四」一〇七頁参照。

○出省
○仙林権小参事之事(1)
同廿五日
○伊藤博文、井上勝(2)が来着ス
同廿六日
○林大丞来ル條々木戸始へ垂問申置候由
同廿七日
○参朝申来痛所ニ付断候事
同廿八日
○四條(3)着述情開成へ参徳大より明日参
　中来候事病所ニ付伊藤参ス
同廿九日大輔小輔横濱へ参る
○開成所へ参候事。徳大より明日参候様申
来
同晦日 参ス
○出頭
八月朔日 不参
○大小輔神港より明日不帰よし岩へ申遣
同二日 不参

○仙台の林権小参事のこと。
同二五日
○伊藤博文と井上馨が来着した。
同二六日
○林友幸大丞報告。天皇から一つひとつ木戸などに民蔵分離に関してご垂問があった由。
同二七日
○参朝を言ってきたが、痛所がありお断りした。
同二八日
○四条が若松情勢を述べる。開成所に行く。徳大寺から明日参朝を言ってきたが、病所で伊藤が参朝する。
同二九日 大隈と伊藤が横浜に行く。
○開成所へ行った。徳大寺から明日参朝するよう言ってきた。
同晦日 参朝。
○出頭。
八月一日 不参
○大小輔は明日は神戸から帰らないと岩倉に通知。

(1) 林嘉善か。明治三年八月、九人の権小参事の一人として名簿に掲載(『仙臺史 一』一八七頁〔木村紀夫氏のご教示による〕)。多分斗南藩に関する件(八月一三日記事参照)。
(2) 大阪出張中の伊藤博文と井上馨が民蔵分離を知り(阻止のため)上京(『伊藤伝』五一四頁)。「勝」は「馨」の誤記。
(3) 四条隆平《たかとし》若松県知事が県状を報告。

○樺太廻リ船総洲[1]難船一万五千両
　別段手当渡方得能[2]より承候也
同三四日所労ニ付不参
同五日
○出省　新造貨幣形如伺申来候
同七日
○出省中島[3]洋行願出ス
同八日
○出省
同九日同断
同十日同断
同十二日不参
○丁抹公使[4]参　内
同十三日
○参省斗南藩ノ事民部へ委任ニナル
同十四日
○伊藤井上如伺謹慎被仰付候也[5]
○仏敗孛勝新聞アリ
同十五日

同二日不参
○樺太行きの船が相模灘で難破。一万五千両は別に手当して渡したと得能から承った。
同三、四日所労で不参。
同五日
○出省。新造貨幣の形は伺いどおりに認可。
同七日
○出省。中島が米国出張願いを出した。
同八日
○出省。
同九日 同断。
同一〇日 同断。
同一二日 不参。
○デンマーク公使が参内。
同一三日
○参省。斗南藩の件は民部省に委任となった。
同一四日
○井上馨は伺いどおり謹慎となる。
○フランスがプロシアに負けたと新聞にあり。
同一五日

（1）相州灘、千葉県北部沖。
（2）大丞得能良助。
（3）通商正（つうしょうのかみ）中島信行は明治三年八月から九月にかけて米国出張（『百官』一九一頁）。
（4）オランダ公使 Dirk de Graeff van Polsbroek（ディルク・デ・グレーフ・フォン・ポルスブレック）が代行（『大外文二ノ三』「付録二」一四頁）。
（5）大阪出張所での銭相場布告が専決として（『世外伝①』一三頁）八月一三日謹慎、一八日解除（『百官一』一二八頁）。

同十七日
○大隈参議之事三條より申来候ニ付参
朝する(1)
○仏孛士ケンタワ(2)する横濱昨夜也
同十八日
○
同十九日
○英書記官来ル飛脚船達候所仏亦敗北シャロン
攻落サレ兵士五六万人戦死捕候よし
同廿日
○井上被免(3)
同廿二日
○大隈談
○於倫屯東隅カルドンコールトテンプル四番
千八百七十年七月二十九日
余(4)本日借金高ノ内三十万ボント（ママ）渡方ノ
義ニ付ヲリヱンタルバンク會社ニ許允ヲ
與ヘ指図申遣シタリ此渡方ハ八月
第一日(5)ノ積ナレバ右ヲ受取次第聊遅滞

同一七日
○大隈の参議昇任のことを三条から言って
きたので参朝する。
○昨夜横浜で仏人とプロシア人が決闘をした。
同一八日
○
同一九日
○英書記官が来て、郵便船によると仏はまた
負けてシャロン攻落。兵士五、六万人が戦
死、捕虜の由。
同二〇日
○井上馨の謹慎が解かれた。
同二二日
○大隈の報告。レイから左の連絡が入った。
ロンドン東地区カルドンコールトテンプル
四番のオリエンタル・バンク会社で。
明治三年七月二日
余ハ本日借金総額ノウチ三〇万ポンドヲ支払
ウ事ニツイテオリエンタルバンク会社ニ許可
ヲ与エルコトヲ指示シタ。コノ支払ハ八月

(1) 明治三年九月二日大隈が参議に就任（『百官 一』六七頁）。
(2) 普仏戦争で仲違いの「決闘」か。
(3) この日井上馨の謹慎が免ぜられたことを宗城が知った。井上はこの時大蔵大丞兼造幣頭（『世外伝①』二三頁）。
(4) 在ロンドンのH・N・レイ。
(5) ロンドンのレイからの事務連絡である。補注[三一]。

ナク鉄道ニ関係セシ諸件ヲ取計フ
運ニ至ルヘシ
同廿三日
○参大隈の事談ス
同廿五日
○パークス来ル
○博覧會英にてミスホルト(1)日本器
物之懸申付候処於当方者用懸
モ不被申付外務卿へ申述候処不差出
積りらしく甚不都合ニ付尚盡
力いたしくれ候様申候故政府へ
申述候赴答置候事
○仏孛話候事
同廿七日
○参博覧會の事申置候
○馬渡(2)之事クス本(3)三十日斗勤
馴候上にいたし度よし
同廿八日
○参省小松跡(4)拝借金愛甲新介(5)へ申

二七ロノ予定ナノデ、右金額ヲ受ケ取リ次第イササカノ遅滞ナク鉄道ニ関係スル諸件ヲ執行スル運ビニナルベシ。

同二三日
○参朝して右の大隈の報告を話した。
同二五日
○パークスが来た。
○英博覧会の日本関係担当をミットフォードにしたのだが、日本には担当の任命もなく、外務卿に言っても参加しないつもりらしく甚だ不都合なので、なんとか力を貸してほしいというので、政府に建言してみようと応えておいた。
○フランスとプロシアの話題が出た。
同二七日
○参朝して博覧会のことを話しておいた。
○馬渡のことは楠本が三〇日ばかり勤務状況を見たうえで決めたいとのこと。
同二八日
○出省して小松跡屋敷拝借金のことを愛甲新

(1) Algernon Mitford（アルジャーノン・ミットフォード）、英公使館書記官。
(2) 馬渡俊邁（まわたりとしゆき）、佐賀藩。外務小丞から大蔵権大丞兼造幣頭、出納頭（『人名』九四四頁）。
(3) 楠本正隆（くもとまさたか）、大村藩。外務権大丞（『百官二』一四四頁）。
(4) 小松帯刀は明治三年七月に死亡、多額の借財を残した。政府は六千両を一五年年賦で貸与（『小松帯』二七八―二七九頁）。
(5) 愛甲新介（あいこうしんすけ）、小松家の「金銭出入方」。

傳候様得能へ申含候
同廿九日
○仙増田齊(1)来陳情
譲堂義来ル松本(2)と増田交代云々(3)
暮秋初二
小松拝借之事決ス十五ヶ年賦
同三日
○大隈今日参ス
○藩政垂問答持参出ス
○来ル四鹿島同七日香取御遙拝
九字参　朝可致
但長官不参の節ハ次官
○同四日不参
同五日
同不参七日
同八日大風雨
○横濱新聞之事神懸伺也
○越中島練兵為
天覧行幸候処非常風雨ニ付途中迠

介へ伝言するよう得能に言い含めた。
同二九日
○仙台の増田齋が陳情に来た。
譲堂がきて松本と増田の交代について。
暮秋初二（九月二日）
小松家拝借金は六千両を一五年賦と決定。
同三日
○大隈が今日参朝（参議として）。
○藩政垂問の回答を政府に出した。
○きたる四日は鹿島、七日には香取のご遙拝。
九時に参朝しなければならない。
但し長官不在の場合には次官出頭のこと。
○同四日 不参。
同五日
同不参、七日も。
同八日大風雨。
○横浜新聞のこと。神がかり伺いなり。
○越中島練兵の天覧行幸があったが、暴風雨のために途中で中止となる。

（1）増田齊（ますだいつき）、繁幸（しげゆき）。明治三年五月仙台藩権参事、のちに参事（『仙戊人』三〇八頁）。
（2）伊達宗敦（だてむねあつ）、宗城次男で一三代仙台藩主伊達慶邦（だてよしくに）養子。宗敦の仙台藩における行動は「宇戊戦」一〇一一一頁。
（3）仙台藩庁の権大参事となる松本儀次（まつもとのりつぐ）か。そうであれば、増田大参事と松本権大参事との交代について、譲堂ともども宗城に相談に来たと解釈できよう（木村紀夫氏のご示唆から）。

天機伺ニ出候事
重陽参
賀
○山口中弁[1]より昨日兵隊軽我モ有之
難儀ニ付四藩へ千両宛被下候由
明日渡方候様相話候事
同十日
○出省且参ス
同十二日
○練兵場へ参 三条よりバンク「トベルドソン」[2]へ、
是迠之御挨拶物品被下之義被
申聞候事
同十三日
○参伊藤井上之義尚申立置候也
同十四日
○大隈当省懸相成[3]
○九月在高
金六十一万
札三十七万

天機伺いに出た。
重陽の参賀である。
○山口中弁から兵隊のケガもあり、苦労をかけたので、四藩に千両下賜されるとのこと。明日渡すように指示した。
同一〇日
○省と朝廷に出た。
同一二日
○練兵場に行く。三条からバンクのロベルトソンに表敬の挨拶として下賜品を下さると聞かされた。
同一三日
○参朝。伊藤井上の民蔵分離反対論についてさらに主張しておいた。
同一四日
○大隈参議が今後も大蔵省を担当する。
○九月残高
金六一万
札三七万

（1）山口尚芳。四二頁注4参照。
（2）ＯＢＣ横浜支店長John Robertson（ジョン・ロバートソン）。
（3）大蔵省の勢力を削ぐために九月二日に参議に祭り上げられた大隈だったが（『史要』二〇九頁）、大蔵掛りとしては留任し、近代化政策を進めることが可能となった。これは卿宗城の大きな功績。

同十五日
○出省
同十七日
○出省
同十八日
○出省
同十九日
○出省　軍競馬手續
同廿日
○出省並参　陽明邸尋候事
同廿一日
今里[1]
同廿二日
○出省
同廿三日
○天長節　ニ付参
同廿四日
○出省○中村藩岡部公蔵来
藩士召候義ニ付申出候

同一五日
○出省。
同一七日
○出省。
同一八日
○出省。
同一九日
○出省。軍競馬の手続きを取った。
同二〇日
○出省および参朝。近衛邸に行った。
同二一日
○今里。
同二二日
○出省。
同二三日
○天長節なので参朝。
同二四日
○出省。○中村藩岡部公蔵が来た。
藩士を召す件について申し出があった。

（1）補注［三二］。三六頁注6も参照。

同廿五日
○山形隠居[1]来ル出省
同廿六日
同廿七日
○仙之義運ひ置
同廿八日
○参省
同廿九日
○出省
同卅日
○出省武蔵艦[2]見物スル
十月朔日
同二日
○鉄道局へ参夫より出省
同三日
○省より外務参候事
品川通適権[3]ヲ除一等進
度よし
同四日参

同二五日
○山形隠居が来た。出省。
同二六日
同二七日
○仙台問題を進展させた。
同二八日
○参内出省。
同二九日
○出省。
同三〇日
○出省し、武蔵艦を見物する。
一〇月一日
同二日
○鉄道局に行き、それから出省。
同三日
○大蔵省から外務省にまわった。
品川通りは適権を除いて一等進めたい
とのことだ。
同四日

（1）上杉斉憲（うえすぎなりのり）、旧米沢藩主。伊達慶邦と奥羽越列藩同盟を主導して破れ引退（『人名』一三六頁）。
（2）兵部省の艦船武蔵艦が大蔵省に譲渡された（「船艦受渡」）。
（3）詳細不明。

内御前にて知縣事陳情
同五日
○出省　東伏見宮(1)有弥斎外壱人
同七日
○不参
同八日
○出省　参州刈谷鈴木正文筆
同九日
○出省
同十日
○出省
同十二日
○出省　稲垣諸（ママ）務権大佑承知
鈴木正
同十三日
○出省　稲津(2)免職　稲津済
同十四日
○参　朝伊太利公使(3)参上
同十五日

参内。御前で県知事の陳情があった。
同五日
○出省。東伏見宮、有弥斎他一人に会う。
同七日
○不参。
同八日
○出省。　参州刈谷鈴木正文筆。
同九日
○出省。
同一〇日
○出省。
同一二日
○出省。稲垣庶務権大佑が承知
鈴木正
同一三日
○出省。稲津免職。
同一四日
○参朝。イタリア公使参内。
同一五日

（1）旧仁和寺宮嘉彰（にんなじのみやよしあき）親王。明治三年東伏見宮と改称（『明史典』③二一一頁）。本書五七頁注3も参照。

（2）弾正権大忠、飫肥藩（おびはん）稲津済（いなづわたる）。雲井竜雄とも親しかった稲津は政府を辞職して、飫肥藩大参事に就いたという（「振徳堂」一三一－一七頁）。

（3）Vittorio Sallier de la Tour（ヴィットリオ・サリエ・ドゥラトゥール）伯（『大外文二ノ三』「付録二」三一頁）。

○出省
同十七日出港十八日帰る
同十九日
○出省
同廿日
○出省　吉竹陳情
九月十二日越中島
調練　御代覧勤宮崎小判事
御行列不敬糾問
之後不実申立職務柄云々被免
同廿二日
○参朝岩倉へ大阪出張申置候
同廿三日出省
同廿四日出省
○参内岩倉卿始来月初め下阪決ス(1)
同廿五日頼合せ不参
○米山幸三郎事　静岡留守居下役
同廿七日
●伊東洋行御沙汰(2)

○出省。
同一七日　横浜に行き、一八日帰る。
同一九日
○出省。
同二〇日
○出省。吉竹の陳述。
九月一二日越中島調練があり、ご代覧勤務を宮崎小判事が勤めたが、ご行列に不敬の廉ありと糾問を受けたあと、虚偽の言があり、職務柄不都合で免職。

同二二日
○参朝して、岩倉に大阪出張を申しおいた。
同二三日　出省。
同二四日　出省。
○参内。岩倉卿など来月初旬下阪と決す。
同二五日　頼みあわせて不参。
○米山幸三郎こと　静岡留守居下役。
同二七日
●伊東方成の欧州行きの許可が出た。

(1) 大阪造幣局の整備がほぼ完成し、銅貨鋳造にも成功したので、在阪井上馨造幣頭は岩倉、宗城の視察を上申し、閏一〇月一四―一七日に視察と協議が行われた。この時一圓銀貨を試製(「藍公記巻五ノ34自明治三年正月至五月」六二丁)。
(2) 伊東玄朴養子の大典医伊東方成(いとうほうせい)は明治三年閏一〇月欧州留学、七年帰国。後に一等侍医(『明大典』一五八頁)。

○御鷹の事
同廿八日(1)
○出省
同廿九日
○参省兵部へ廻ル
壬一〇月朔日
○参賀
同二日
○出省伊藤願(2)
同三日
○出省より今戸へ
同四日
○参内
同五日
○出省帰省願済候(3)
府県石高　山中弘庸(4)

○お鷹のこと。
同二八日
○出省。
同二九日
○参省。兵部省にまわる。
閏一〇月一日
○参賀。
同二日
○出省。伊藤の出張願を承認。
同三日
○出省してのち今戸屋敷へ。
同四日
○参内
同五日
○出省。帰省願いが認められた。
府県石高　山中弘庸

（1）この日伊藤が米国出張願を出す（『伊藤伝 下』「履歴」四頁）。

（2）伊藤博文の米国出張願は一〇月二八日に出され、翌閏一〇月二日に認められた。補注［三三］。

（3）大阪出張のついでの帰国を許可され帰国している（前記「藍公記」五六一―六六二丁）。
（4）不明。

【補注】（〔 〕内は日記本文頁と注番号）

［一］〔三頁注3〕

明治二年四月八日初代民部官知事に蜂須賀茂韶《はちすかもちあき》が、副知事に広沢真臣《さねおみ》が就任したが（『史要』一三五頁）、五月一五日の公職の選挙で蜂須賀は麝香間伺候に移された（「解説 三」『御日記⑥』『叢書⑧』一三五—一三六頁）。広沢は民部大輔として留任したものの、七月二三日には参議に昇格して（『補任』一五〇頁）民部から離れた。七月八日の太政官制改定で松平慶永《よしなが》が民部卿となり（『史要』一五三頁）、八月一二日に大蔵卿兼任となったが（『百官 一』四三九頁、第一次民蔵合併は前日の一一日）、八月二四日には両職を辞職し、大学別当兼侍読に転じた（同右書同頁）。慶永の民部辞意釈明については佐々木論文に詳しいが（「民蔵分離①」三〇—三一頁）、民部大蔵を主宰するのは、彼にとって荷が重すぎると判断したあげくではなかったか。本日記冒頭の「朝廷に適任者がいない」という慶永・閑叟の宗城引き出しの口実は、かけ値なしのものだっただろう。いずれにしても本書「解説三」の「明治二年民部・会計・大蔵首脳任免表」の網かけの部分では大蔵卿が不在だった。『史要』一五三頁の二年七月八日「官制改定記事」でも六省で大蔵のみ卿の名前がない。卿不在の間に宗城への民部大蔵卿就任工作が行われた。二年五月一五日会計官（大蔵省の前身）知事に就任した万里小路博房《までのこうじひろふさ》は七月八日宮内卿に転じているので、同日付で大蔵大輔に就任した大隈重信と一〇日後に大蔵小輔についた伊藤博文の両人は、それぞれトップのいない大蔵省に入ったことになる。このことは、開明派の大隈・伊藤大小輔と卿宗城をワンセットとして新生大蔵省に据える暗黙の合意が、維新革命の第二世代であるロンドン留学組若手の意向をも考慮して、三条・岩倉・徳大寺はじめ太政官トップと木戸孝允、後藤象二郎などとの間で形成されていたのが、五月一六日の予期しない宗城の辞任（『御日記⑥』『叢書⑧』一三六—一四一頁）で宙に浮いてしまい、その修復作業がこの鍋島邸会談だったと推察される。

［二］〔三頁注4〕

明治二年五月一五日まではまだ各省の卿は公家か諸侯に限られていたが、押っとり刀《がたな》の「投票公選法」で諸侯を放逐してしまって（『御日記⑥』『叢書⑧』八四—八五頁、一三五—一三六頁）、人材が払底していたのは事実だった。それを率直に語って、パークスや開明派若手と相性の良い宗城を引き出した。

［三］〔四頁注5〕
「己巳（明治二年）冬職員令《しきいんりょう》」の「省」を構成する四部官は、上から卿《けい／きょう》（和名読みは「かみ」）、大輔《たいふ／たゆう》、小輔《しょうふ／しょうゆう》（和読「すけ」）、大丞《たいじょう／だいじょう》、小丞《しょうじょう》（和読「じょう」）、大録《たいろく》、小録《しょうろく》（和読「さかん」）と呼称された。すけ、じょう、さかんの基本三官からはそれぞれ大、小、権の枝分かれが出る。大宝令をそっくりそのまま用いているようだ（大宝令四部官の大略は『官職解』四二－四三頁）。

［四］〔六頁注2〕
新政府の最初の徴兵は一万石について一〇人（当面は三人）を京畿常備兵として出させた（『史要』五二頁）。宇和島藩もそれに応じている（「乙記録九三ノ二」慶応四年閏四月二一、二五、二八、二九日。『御日記③』『叢書⑤』一〇七頁）。一隊に月俸一〇両を与え（衣料・食糧は官給）、一人当たり二両とすると、一隊の兵隊数は五人ということになり、一隊としては小さく、昭和陸軍の班くらいの大きさであった。

［五］〔七頁注1、九頁注6〕
新政府は古代地方行政監察機関の一つを慶応四年四月に発令し、戦時の混乱に苦しむ東北占領地の民心収攬に当たった。翌年六月岩代国《いわしろのくに》に巡察使を置き、三陸、両羽、磐城と拡張していった。八月按察府次官に坊城俊章《ぼうじょうとしあや》が就任（『補任』一七一頁）して、巡察使は白石の按察《あんさつ／あぜち》使府に吸収されたとされているが（『国大典』四一五頁）、本日記では九月に桃井八郎が若松巡察使として出張していることから、巡察使は適宜民部本省から補充されていたようだ。同年一〇月に越後水原《すいばら》県知事三条西公允《きんあえ》が按察使次官を兼務したのも、難治地区だった越後を統治するためだった（『新潟史6』一一二一－一一二三頁）。

［六］〔七頁注5〕
甲斐田安領一〇七ヵ村には、名字帯刀を許され扶持さえ貰って田安家支配の末端を担う裕福な階層がいる村々と小前百姓《こまえびゃくしょう》（貧農・小作農）が多く、生活苦のために困窮する村落が半々であり（『明農騒』一七八頁）、後者は天領になることを要求して集結し始めた。そこに太政官札と正金の交換での「刎金《はねきん》（贋金拒否）」に対する不満が重なり、明治二年九月九日に小前百姓が甲府県庁に訴え出た（『明農騒』一七五－一七八頁）。その第一報が九月二四日の本日記に登場。撫育善政と

言いながら騒動は明治五年の政府軍による武力鎮圧まで解消しなかった。［補注一六］参照。

［七］〔九頁注5〕

明治二年九月二六日の復古賞典は「復古功臣賞典」のタイトルが示すように、王政復古一般に貢献した公家、諸侯、有力藩士を対象としたが（『史要附表』の「復古功臣賞典表」五六―五七頁）、先立つ六月二日には「伏見鳥羽ヨリ奥羽役ニ至ル戊辰戦功賞典」が下賜されていて、九月の賞典は戦功者に特化した賞典授与が行われている（同上書一六―二四頁）。両者の賞典総額のうちの石高だけを見れば、ほぼ七八万石でその原資が戦後の東北諸藩の削封高約八八万石（『戊戦』二一〇頁）と見合っているので、戦争を強行した政府の政略的意味を読み取ることも可能。戦場に一滴の血も流さなかった宇和島藩はペナルティを頂戴しただけでなく、維新の功臣である宗城には昇位の沙汰もなく、表中最低位の一時賞賜に終わっている（「功臣賞典」五七頁）。

［八］〔一〇頁注1、一六頁注5〕

降伏した盛岡藩主南部利剛《なんぶとしひさ》の跡を継いだ長子利恭《としゆき》は、政府が仙台藩から没収した白石《しろいし》一三万石への減石転封を命じられた（『南史要』四一八頁）。明治二年四月には白石領主片倉氏から南部氏への移封が行われた。版籍奉還を願い出ていた（同右書四二一―四二四頁）利恭は六月に白石藩知事に就任したが、同月一八日に版籍の返還も認められた（同右書四三三頁）。一方、移封前から家中あげての国替《くにがえ》停止と盛岡城地復帰の運動が領民も巻きこんで起きていて、七月二二日には七〇万両の献納を条件に盛岡復帰が認められた（同右書四三三頁）。最終的には、八月一〇日に利恭は盛岡藩知事として陸中四郡（岩手郡・紫波郡・稗貫郡・和賀郡の一部）一三万石に復帰できた。復帰条件であった七〇万両のうち五万両（『史要』一九四頁では五万三、〇〇〇両）は上納できたが、藩の困窮は極限に達していて、それ以上は不可能であるとの盛岡占領の全権を握った会計官権判事林半七（友幸）の意見で残金免除になったようだ（『南史要』四一九、四三九頁）。とすると本日記九月二九日記事にある騒動は盛岡移封とは直接関係がない戊辰戦後に頻発・激化した仙台藩の戊辰敗戦にからむ農民騒擾とみられ、これらの社会不安が八月五日の白石按察府《あぜちふ》設置（［補注五］）に繋がったと考えられる（『史要』一五九頁）。

〔九〕〔一〇頁注3〕

削地・減石が表高の五五・三％（『戊戦』二一〇頁）に達した仙台藩士の生き残り策には北海道移住か帰農しかなかった。政府もそれを推奨（『史要』一六一－一六二頁）。一門《いちもん》家登米《とよま》伊達当主筑前《ちくぜん》は奉公人高（百姓付でない土地で、在国の家臣たちに小作させていたもの）八、〇〇〇石余を開放、家臣一、二〇〇戸（およそ七、〇〇〇人）に配分して帰農に成功したとされている（『仙戊人』二三六頁）。だが現実には生活苦や百姓身分の不満、勤王佐幕の対立などから一揆が続発し、「宮沢一揆」（同右書二七六頁）はじめ仙台諸一揆（『明農騒』六五四－六五七頁）は、いわゆる仙台騒擾（木村紀夫「仙騒擾」、補注〔一〇〕）もからんで複雑、凄惨な内紛状態が続いたようである。伊達筑前家老秋山主税之助《あきやまちからのすけ》（『仙戊人』二〇頁）は米谷吉郎右衛門《まいやきちろうえもん》（同右書二〇頁）とはいとこ同士だったが、家中対立で反対派に属していた吉郎右衛門を謀叛の容疑で駐留軍の安芸藩に告発。吉郎右衛門は芸藩神機隊長寺西繁人の命令で斬殺のうえ梟首された（同右書三〇五－三〇六頁）。吉郎右衛門養子で弟の佐守は民部省などへ義父の無実を訴え出た（後藤乾一氏のご教示による）。長沼（平）と米谷もいとこ関係にあり、ともに筑前の上流家臣層に属していた。悲劇的な仙台藩の分裂崩壊の現実を如実に表す事件といえよう。

〔一〇〕〔一〇頁注7〕

いわゆる仙台騒擾で、仙台鎮撫軍総督久我通久《こがみちつね》は長州・安芸両藩兵隊六〇〇名ほどを率いて明治二年四月六日仙台に進駐。だが本人は四月一七日に帰京している（「仙騒擾」一〇－一三頁）。仙台藩に対する処分が過酷に過ぎたのを理由とした免職という見方もある（右論文一五頁）。鎮撫軍は解兵した後も、安芸兵は居残っていたとみられ、暗殺された長藩士世良修蔵と親しかったといわれる大村藩激派の按察使判官渡辺清左衛門（『百官 一』二三四頁）が鎮圧の指揮を取ったようである。仙台藩への過酷な抑圧は翌三年まで続くが、その実態は必ずしも解明されているとはいえない。贋金製造の嫌疑などで家中、町人、百姓までが処罰されたというが（「仙騒擾」一五頁。「宇戊戦史」一二二－一二八頁にも関連すると思われる史料断片がある）、仙台騒擾の検証は十分になされていない。

〔一一〕〔一一頁注1〕

話が前後しているが、伊達筑前は明治二年五月二日に死亡し、翌三日に米谷吉郎右衛門が斬首されている（『仙戊人』

三〇六頁)。筑前家中の騒動が表面的には収まった九月末に宗城は米谷吉郎右衛門養子佐守の民部省宛陳情書によって事件を知ったのではないか。

〔一二〕〔一一頁注5〕

「水原懸より柏崎へ引渡之義」の内実は不明だが、壬生基修は明治二年九月に政府へ信濃川分水を陳情して、拒否され(『新潟史』二四九頁)、本日記の翌日には水原県知事を罷免されている。壬生は戦争直後の越後民政を担当して困民救恤に意を使い、米穀津留(越後産米穀を移出しない)、それに伴う小前騒動、信濃川分水などで、しばしば政府と対立していた(『新潟史』一二三、一六七、二四九頁)。

〔一三〕〔一二頁注1〕

陰陽道《おんみょうどう》と編暦・頒暦を家職とする土御門《つちみかど》家は慶応四年一月幕府天文方から両職権を奪回したが、近代天文学との学術的競争に敗れて明治三年一二月大学御用掛を罷免された(『幕維士』九三、九六―九八頁)。

〔一四〕〔一三頁注2〕

重量単位(貨幣は量目《りょうめ》)とその交換率の概算を整理すると、

一厘《りん》＝0.0375グラム、一分《ぶ》＝0.375グラム、一匁《もんめ》＝3.75グラム、一斤《きん》＝160匁＝600グラム、一貫《かん》＝1,000匁＝3,750グラム、

テール銀一個＝38グラム、天保一分銀《いちぶぎん》一枚＝2.3匁＝8.625グラム。一ドルは一分銀三枚と交換された。

〔一四①〕〔一三頁注3〕

(テール銀3,000斤×2,385ドル)÷100斤＝71,550ドル

(テール銀3,000斤×2,340ドル)÷100斤＝70,200ドル

71,550－70,200ドル＝1,350ドル→損失額。

〔一四②〕〔一三頁注5〕

テール銀3,000斤の重量は480,000匁(3,000×160匁)であり、一貫は1,000匁だから、480貫目である。一枚2.3匁の天保一分銀の208,696枚に相当する重量である。しかし、貨幣改鋳の際には、品位の優位により480貫目のテール銀から

は天保一分銀で235,171枚が鋳造されて、235,171－208,696＝26,475分（6,619両）の出目《でめ》（利益）が見込まれる。この出目の大きさを考えると日記で言う「古一分」には　銀品位98.86％の天保一分銀以外に、品位が89.35％の安政一分銀（「金銀品位」一二頁）など劣位の一分銀が含まれていたと思われる。

［一五］〔一九頁注1〕
大隈家に所蔵され、いまは早稲田大学古典籍総合DB収載の「悪金真價比較表」は、一八種類の悪質二分判のそれぞれ一〇〇両の合計一、八〇〇両について、その品位と量目を分析し、一覧表にしてあり、最後にその平均値を御布告貨幣表に照らし合わせて現行価値を評価している。日記では、その結論部分だけが摘記されている。一八種類の悪二分判総平均の一〇〇両からは、二四両の二分判（金）と、五一五文二分の永字銀に相当する銀が得られる。また、悪金を鋳つぶして新しい貨幣に改鋳するときには、金では一歩（％）の掛ヶ欠、銀の吹替では三歩の吹減があるとしている。明治四、五年にほぼ完成する近代的新貨幣制度（『貨幣条』）確立への苦心の跡である。こうして千年余にわたる不合理な貨幣制度は、大隈、伊藤、井上馨などによって面目を一新するのである。

［一六］〔二二頁注3〕
田安家は甲斐山梨・八代《やつしろ》・髙麗《こま》三郡内に約四万八、〇〇〇石を領していたが、旧来の年貢軽減策「大小切《だいしょうぎり》」の実施面でも幕領より過酷だったうえに、御用金賦課、養蚕手当の高利貸付、富農・豪農層による領地支配の組織化に小前百姓層は不満を募らせていた。「刎金《はねきん》」（［補注六］）が引き金となって、九月九日甲府県庁に「田安家御支配御免」、「天朝御領地」編入を訴え出た。県は表面慰撫の態度を取りながら、民部省から派遣された監督大佑塩谷良翰の指導を受けた甲斐県権知事土肥謙蔵は、農民と田安家の紛争に介入した。その結果、一〇月二一日には田安家が自発的に自領の政府直轄地編入を願い出ることに決し、翌三年四月田安領の甲府県編入が触れ出された。一揆の背景には田安領接収を急ぐ甲府県庁の策謀があった（「山梨県山梨・八代郡田安領農民一揆」『国大典』二〇四頁、『明農騒』一七五－一七九頁）。

［一七］〔二三頁注2〕
明治二年八月高崎藩で起きた岩鼻騒擾（「五万石騒動」）。高崎藩の一部には八公二民などの過酷な祖法が残っていた。民

意を探るための目安箱による岩鼻県小室信夫知事の温情政策で、今までの極端な租税の不公平が露呈し不満が爆発（『明農騒』四二―四四頁）。

［一八］〔二五頁注2〕
母親がネルソン提督の又従兄弟《またいとこ》（『明前国』九四頁）と言われる。一四歳で中国へ渡り、パークスの姉婿から中国語を習って副領事となる。英国上海副領事から清国海関総税務司となったが、官吏解任後に、帰国して法律家となる（同右書二六頁）。英国で中国事業協会（China Venture Association）（ＣＶＡ）の投資事業に参画したものの、成果を得られず（同右書二七―三七頁）、日本政府が鉄道資金で苦労しているのを聞きつけて（多分パークスから）、急遽明治二年六月一九日横浜に来着（同右書三七―三九頁）。同年八月パークス邸に滞在（『パ伝』一四七頁）。パークスの推挙で日本政府はレイを採用（『日鉄草』二六、二〇五―二〇六頁）。日本政府とレイとの鉄道資金調達契約は、日本側の無知に乗じたレイの不正・違法行為（①レイという一人格が日本政府の代理人でありながら、同時に投資会社ＣＶＡを代表していた、②西郷など鉄道反対派を刺激しないように、債券公募を避けて投資会社の出資が契約の前提だったのに、それに違反した、③利率九％の公債を市場で公募しながら、日本政府には一二％と説明して利鞘とした、④日本政府の自主管轄権が侵された）が暴露されてレイとの契約は破棄され、レイが告訴する展開となったが、最終的には東洋銀行が中にたって和解した（『モレル』二一七―二一九頁）。宗城は明治二年一二月二〇日レイを引見。伊達文化保存会にはレイの名刺が保管されている。

［一九］〔二九頁注3〕
「○中下大夫上士以下ノ稱ヲ廃シ、概シテ士族及ヒ卒ト稱シ、各地方ニ隷シ、其禄制ヲ定メ、（士禄十八等、二百五十石以下遞シテ十三石ニ至リ、卒禄三等、十一石以下八石ニ至ル、明年三月、士卒ヲ合シテ十八等ヲ限ル。）廳米ヲ給シ、其采地ヲ収ム。其臣隷三世以上ノ者ハ、官之ニ資給シ、餘ハ悉ク民籍ニ歸セシム。（去年戦功アリシ大夫士ノ臣隷ハ、コノ限ニ在ラス。）」（『史要』一七六頁）。

［二〇］〔三〇頁注5〕
大原重実が第一次酒田県の知事に就任して直面した難題は、天狗騒動（石代納《こくだいのう》―金銭による年貢納入―と、お救い米と戦時補償を要求した一揆）、庄内藩の転封阻止金に関わるトラブル、東京回米反対運動、大泉藩問題（旧庄内藩が西郷派の

支持を得て地方的割拠の士族国家を維持して新政府の要請を無視）の三点だった。それらを民部卿宗城に報告したとみられる（『山県史』三三―四〇頁頁）。重美の父大原重徳《しげとみ》と宇和島とくに宗城との関係は文久二年から（『在京』二一―三頁、「落ち穂 一九」三六―三七頁）。

［二二］

明治天皇種痘に関連する問題の整理。

［二二①］〔三七頁注1〕

『天皇紀 一』には「親王、往年中山忠能《ただやす》の第《てい》に在《いま》しゝ時、忠能密に蘭方醫大村泰輔をして種痘を親王に上《たてまつ》らしむ（四五四―四五五頁）」とあるが、その正確な日付は特定していない（大村泰輔は松江母里《もり》藩の蘭医で花岡青州高弟。文献「大森」）。『天皇紀 二』では二回目の種痘が、大学の建白などもあって、明治三年一二月になされたとしている（三八四頁）。ところが三年一一月一六日の嵯峨實愛日記には「午後向神祇伯邸《神祇伯邸にむかい》面談 主上御種痘之儀了直還第《直ちに邸に還る》（『嵯実日』三四三頁）」と書かれている。この時の神祇伯は天皇の外祖父中山忠能である。日記は中山伯が天皇への再種痘を了承したことを示している。ところで宗城日記の玄朴情報は三年二月四日である。三年初頭頃には大学あたりで天皇の二回目の種痘の話題が出ていて、それを根拠に玄朴が宗城に話をしたとみられる。大学東校で種痘館規則を定めて種痘普及にのり出すのが、明治三年四月頃である（『天皇紀 二』二九六―二九七頁）。その流れの中で天皇に再種痘が行われた。

［二二②］〔三七頁注4〕

病痘を体外で保存・移送するのが容易ではなかった時代には、複数のボランティアに継代種痘して膿疱や痂皮から痘苗を採取し、保存・移送しなければならなかった（『近医先』七九―一三二頁）。日記にいう「種痘の控え」とは、その意味での中継ぎ者を意味する医学的要請なのか、あるいはまた、牛痘をやんごとなき玉体にじかに移すのは畏れ多いという理由のほかに、安全性テストとしていったん別の人に種痘して、その痘苗を用いるという配慮もあったのか断定は困難である。ドナルド・キーンは「まず堂上公家野宮定功《ののみやさだいさ》の女児に試した後、親王に接種した」としている（『明治天皇』一六〇頁）。

〔一二二〕〔三七頁注5〕
荒木済三郎の救恤策は『大隈文書二』に「一九 貧民ヲ八州へ移シ不毛ノ地ヲ開拓シテ窮世ヲ救恤スル策」と題して全文が掲載されている。その表紙には「二月七日手許へ出ス」と宗城のメモがあり、「民部卿章」の捺印がある。宗城は荒木の献策を採用して実行に移した。献策の趣旨、実施上の問題点、最終的成行きは同右書所載の「二八 東京府過剰人口ヲ以テ関八州等荒地開拓ヲ請フノ書」および「三七 開墾地窮民地所買取願処分ノ義ニ付上申書」で知ることができる。明治三年から明治一一年にわたる一施策の歴史的経緯が纏められていて興味深い。荒木済三郎については、「士族」という以外のことは不明だと『大隈文書二』の「解題」にあるが、幕末の箱館奉行所支配組頭《くみがしら》の一人に同性同名の人物がいて（『ガルト』六九頁）、写真もある（『戊辰戦争の史料学』三九三頁「写真二」）。しかも七重村御薬園に居宅があったので（『ガルト』四八頁）、荒木は蝦夷開拓方としての組頭だった可能性が高い。開墾に縁があることからも、同一人物としてよいと思われる。宗城は幕臣としての済三郎を知っていて、その献策を採用した可能性も推測される。

〔一二三〕〔四三頁注4〕
赤松大三郎《だいさぶろう》、則良《のりよし》、旧幕臣のち静岡藩士。咸臨丸渡米の教授方手伝、津田真道らと文久二年オランダ留学。維新後沼津兵学校一等教授方、明治二年静岡藩水利路程掛に就任し（「近治士」一六九、一八七―一九〇頁）、静岡の製茶開発事業にも手を染めた（「旧洋茶」二〇三頁）。明治三年三月九日宗城は土木権正《どぼくごんのしょう》への採用を申請したが、政府は大三郎を三月一三日付で兵部省出仕とした。六月二日民部省出仕となり、七月二八日には民部権少丞。九月には海軍兵学大教授に選任。以後海軍畑を歩み、明治二四年横須賀鎮守府司令長官（『人名』九一―一〇頁、『百官二』三二一―三二五頁）。

〔一二四〕〔四四頁注1〕
鉄道資金調達で日本政府と紛争を起こしたH・N・レイが、日本政府の鉄道掛（技師長 技術責任者―近藤注）にエドモンド・モレルを採用したのだが、それがパークスの指示によっていたことはわかっていた（『明政鉄』二〇四頁。『モレル』二〇二―二〇四、三一七頁）。だが、パークスとモレルの接点が必ずしも明瞭でなかったのだが、それは解説四で解明できたと考えている。

［二五］〔四六頁注3、注5〕
三月二八日の参賀の席上で岩倉はいったんは、林半七（長藩とはいえ岩倉派）・得能良介（薩藩）を民部大蔵大丞ではなく小丞に就ける宗城の上申を了承したかのようにふるまった。しかし、昨明治二年八月一一日の民蔵合併で宗城・大隈・伊藤レジームへの攻撃に失敗していた大久保利通は、鹿児島藩庁と岩倉に手を廻して（『大利文 三』四一六―四二三頁）、林、得能の大丞人事をごり押しし、民蔵の堤防に穴を開けるのに成功した。一方、新採用の長州勢は技術官僚のホープ達で、伊達・大隈・伊藤民蔵の今後の発展に必須の人事だったわけで、佐々木克の言うように「派閥的にはバランスが保たれていた（「民蔵分離①」三九頁）」。

［二六］〔四六頁注6〕
『造幣局六十年史』附録四「雇外國人」（二九三頁）に準拠すれば政府とお雇い英国人との契約日は確認できる。造幣首長 Thomas William Kinder《キンドル》、試験分析方 Charles Tookey《ツーキー》、金銀鎔解師 B. Atkin《アットキン》、極印彫刻方 Henry Sheard《シャード》、仲金局助役兼機械方 C.N. Mancini《マンチーニ》の五人が明治三年一月から三月までの間に雇用契約をすませているから、キンドルとこのうちの三人がこの日来日したことになる（マンチーニを除く四人の名前のカードが伊達文化保存会に現存）。

［二七］〔四八頁注3〕
文久三年に渡英した長州ファイヴ（山尾のほかに伊藤俊輔、井上聞多、遠藤謹助、井上勝）の一人。山尾庸三の帰国については明治元年説（『密留明』一三一頁、『明技官』四九―五〇頁）と三年説（『人名』一〇二七頁、『洋史典』七一六頁）があるが、元年一一月二一日の木戸孝允の日記に帰国直後の山尾と井上勝に出会う記事があるから、明治元年説が正しい（『木孝日 一』一四五頁）。庸三の官歴のスタートが遅れたのは、帰国後一年余にわたって長州の近代化に尽くしていたためで（『密留明』一三二頁）、明治三年四月九日からは「任民部権大丞兼大蔵権大丞○同日叙正六位○同日横須賀製鐵場事務取扱被仰付候事」（『百官 二』二六九頁）としてその専門的知識が期待されていた。

［二八］〔四九頁注3〕
四月一四日付「太政官日誌」には「中國四國九州諸藩縣へ御達書寫」として「今般獨乙國公使軍艦ニテ来ル十七日横濱出

帆長崎へ罷越夫ヨリ九州中國四國等之諸湊巡覧致度旨願出候ニ付御聞届ニ相成馬渡外務少丞同艦へ乗込罷越候間諸事不都合無之様打合取計可申候事但シ都合ニヨリ上陸致候儀モ可有之此旨可相心得候事」とあって、「藍公記自明治三年正月至同年五月」三七―八丁にも引用されているが、管見の限りではドイツ軍艦が宇和島湾頭に姿を現したという記録が見当たらない。

［二九］〔五〇頁注1〕補注［一八］参照。

明治三年五月二四日宗城と民蔵大小輔は、レイの鉄道建設資金公募は契約違反であるとして、日本政府と結んだ条約と命令（第一命令書と契約書）を破棄し、日本政府代理人としてのレイを解任。その代わりに Oriental Bank Co.（オリエンタル・バンク・コーポレーション）（ＯＢＣ）を代理人として公債業務を依頼し、必要な命令書は速やかに付与するとした書簡にサインし、その書簡を持たせて伊藤を横浜ＯＢＣに派遣した（『大外文 三』四九五―五〇一頁、「表4―2」『日鉄草』一五六―一五七頁）。この日、鉄道利権をイギリスにさらわれたアメリカ弁理公使デ・ロングから「レイとの約定は日本の威信にかかわる」旨の書翰が沢外務卿に発せられ（『大外文 三』四九〇―四九四頁）、公募が暴露されたことで民蔵首脳は弁官からの手ひどい批判にさらされた（同右書四九四頁の「張紙」①―③）。ところが御日記四月二五日から五月二日までの記事から、レイの触法的公募情報がロバートソンからアレックスを通じて宗城に伝わったのが四月二八日だったことがわかる。三月二五日頃「タイムス」に公告が出た（『日鉄草』一四九頁）とすると、公募一カ月ちょっと後である。ロバートソン情報は二カ月かかる郵船便よりもひと月弱早く、したがって塩田の「タイムス」紙情報より先だったと思われる。と言うのはロンドン・香港間は無線が通じていたからである。宗城が横浜行きの前後に天機伺《てんきうかがい》名目で「参内」しているのは、三条か岩倉に報告するためと見られ、極秘の作業だったのだろう。

［三〇］〔五九頁注1〕

明治二年から三年にかけていわゆる民・蔵問題が廟堂の紛議となるが、これは政府予算配分の比重を、大蔵官僚主流の貨幣・灯台・鉄道・電信などのドラスティックな文明・近代化に置くか、旧民部の松平慶永・広沢が代表する「府県大綱規則書」に象徴される、ある程度旧制度を温存しても「万民撫恤《ぶじゅつ》の聖旨（「民蔵分離②」四三頁）」に置くか、さらに保守的傾向の強い西郷流の反開化路線に置くかの深刻な思想的かつ藩閥的な対立を反映していた。現実政治のリアルからみれば上野戦争での西郷と大村の指揮交代（「官員録②―3」一九丁の西郷隆盛の名前は版木《はんぎ》から削り取られている）以後、出遅れ感のあった薩摩勢の失地回復の焦りが、脱隊騒動に象徴される草莽の反政府エネルギーと扶持を離れるのを怖れる不平士族層の不満を背景にして、西郷、なかんずく大久保らを掻きたてて民蔵問題を政治問題化した面が否定しがたい。大村益次郎暗殺犯人を庇った粟田口止刑事件、西郷による旧荘内藩の士族ユートピア反中央政権の樹立（『山形史』五一－五四頁、『臥牛』一三五－一八三頁）、なによりも一国独立を誇示する薩摩の反西欧的士族優越思想は西南戦争ではじめて決着が着いたのである。

［三一］〔六五頁注5〕補注［一八］、「解説五」も参照。

すでに明治二年一二月九日の日本政府とレイとOBC（オリエンタル・バンク・コーポレーション）横浜支店長J《ジョン》・ロバートソンの三者会談で、レイと日本政府との契約の不備がロバートソンから指摘され、レイが代表したCVA（中国事業協会）と日本政府との間にOBCが介在する措置が取られた。その結果、レイは日本の鉄道敷設に必要な一〇〇万ポンドのうちの七〇万ポンドを明治三年四月までに調達して、六月までに日本に送金する義務を負っていた。残金の三〇万ポンドはロンドンのOBCに預け、レイまたはその代理人の指示で支払われることになっていた（『日鉄草』一一〇－一一三頁）。日記の記事は、この日三〇万ポンド支払いの指示をレイが出したことを日本政府に通達したことを示している。

［三二］〔三六頁注6、六九頁注1〕

白金三光町に宗城の三代あとの伊達家当主伊達宗彰が邸宅、ならびに伊達侯爵家の伊達親交会、伊達三光会の名で地所を所有していたことが現代華族譜要、東京市芝区地籍台帳、昭和一三年芝区住所録の記載で判明しているが、弘化三年の地図では該地は上杉弾正下屋敷と抱屋敷があり、幕末までは上杉家下屋敷だったと思われるから、維新後に取得された地所と考えられる（猪原達生氏のご教示による）。

［三三］〔七三頁注2〕

明治三年一〇月二八日、伊藤博文は硬貨鋳造、紙幣・国債発行計画、金融機関制度などの調査を実地で行い、「理財會計ノ修整」をしたいという上申書を提出し（『伊藤伝 上』五一六－五一九頁）、同年閏一〇月三日米国出張が決定（『伊藤伝 下』「履歴」四頁）。

【解説】

「備忘手記」

近藤　俊文

『伊達宗城御日記⑦』（『叢書⑨』）は明治二年九月五日から翌三年閏一〇月五日までをカバーしている。時恰《あたか》も内戦に完全勝利した天皇政府が、西欧列強に伍して近代国民国家へと脱皮しようとする苦闘の始まりの時期にあたる。先の外務卿、現民部大蔵卿、事実上の外交・行政のトップとして行政指揮にあたり、近代日本の礎《いしずえ》の端緒を開いた宗城《むねなり》の姿が、簡潔すぎるほど抑制された日記から瞭然と浮かび上がったかどうか。作業を終えて蟠《わだかま》りなきとしないのであるが、これが筆者の限界としてご寛恕を願っている。

本巻では、シリーズとしての冊子形式と、掲載量との乖離で煩雑になってしまったが、解説の他に補足事項の多くを注、補注と付録で補っているので、そちらの方もご参照願えれば幸いである。

一　伊達宗城民部大蔵卿の誕生

廃藩置県の前に官職の首長となった公卿や諸侯は、お飾りだったという常套句もしくは固定観念がある。伊達宗城の実績評価をする時もこの問題にひっかかってしまう。

井上馨《かおる》の甥で伊藤博文《ひろぶみ》養子の伊藤博邦編『伊藤博文秘録』に「伊達さんは元来がその身分柄から職に就かれた看板で」とあるそうだ。[1] これは古い記録であるから、苦笑のうちに本を措けばよいが、維新一五〇年を記念して再刊され、世評も高い『明治維新史』で「大蔵卿兼民部卿となった松平慶永《よしなが》（春嶽）は合併に反対だったので間もなく辞職し、伊達宗城（宇和島藩主）にかわるが、いずれもただの帽子にすぎない」[2] とやられてしまうと、正直脱力感におそわれる。

歴史のイフのタブーをあえて犯して言いたい。公家三条実美《さねとみ》、同岩倉具視《ともみ》、藩主島津久光《ひさみつ》なかりせば、われわれが目《ま》のあたりにしたような維新革命はなかったであろうと。皆それぞれ魅力あふれる歴史的人格として、各々《おのおの》の使命を果たしたのである。

それにこの時宗城は宇和島藩主ではなく、先の藩主である。隠居後の宗城は必ずしも挙藩的なバックアップが得られる立場にはなく、後藤象二郎の大政奉還論を島津久光と推挙したときには、宇和島藩家老、中老から容赦のない総批判に晒《さら》されて萎縮し、(3)象二郎の逆恨みを一時的だが買っている。

また宗城の天皇派としての戊辰戦争関与が、宇和島藩主伊達宗徳《むねえ》その他の消極的姿勢で頓挫したのは、これまでの日記に見てきた通りである。慶応四年前半期での宇和島藩の仙台鎮撫工作の失敗に加えて、後半期の津軽・函館出兵の事実上の拒否によって、(4)先の宇和島藩主であることはマイナス要因でこそあれ、身分とかシャッポとかの比喩の対極の、むしろそれはアキレス腱でさえあったのが実相だった。根拠もあげず、公家・藩主層を十把ひと絡げに無能呼ばわりするのは、陳腐な志士史観のステレオタイプにぬきがたい陋習《ろうしゅう》で、歴史事象の真実に即した学問的姿勢とは乖離していて、まことに遺憾なことである。

『伊達宗城在京日記』(5)と今回の御日記シリーズで、宗城がお飾りでなく日本の近代化を切望する一人の開明《リベラル》元藩主として、政治状況の折々に自分の信念に従って主体的に行動してきたのを客観的に評価してほしいものだ。

内戦勝利を確実にする過程で、新政府は参与層を内戦の主戦力となった藩に絞っていったが、明治二年五月には公職選挙法で殆どの諸侯を権力機構から放逐して、翌月の版籍奉還成功に繋ぎ、(6)翌三年七月八日には太政官制改定を敢行した。(7)

奈良時代を理想社会に仮託し、神話的天皇制の衣《ころも》を纏うことで、革命勢力のむき出しの攻撃性を吸収または韜晦《とうかい》するのに成功した。続く廃藩置県に備えた布陣として、この千年以上前の統治形態に回帰するのである。うまく衮龍《こんりょう》の袖に隠れたといえよう。革命のエネルギーを供給したのが、宝暦明和の頃から竹内式部や山県大弐の尊皇思想として露頭し、後期水戸学によって大衆化した近世の尊皇攘夷思想であって、(8)意外に新しい政治思想であった。(9)

近現代史の連続性を尊重する立場に立てば、封建的土地・人民所有を覆した明治の近代化革命を、古代的律令制天皇政治への回帰に仮託した歴史的悖理《はいり》は、明治一四年政変後の欽定憲法でいびつに補強されて、(10)くだって昭和の誇大妄想的軍事帝国主義の失敗へと直接繋がっていくのである。

遡って版籍奉還から廃藩置県へと向かう流れの中で、重要なポイントを占めた明治二年七月八日の太政官制改定で、武力革命を主導した維新第一世代の大久保利通、木戸孝允、後藤象二郎、板垣退助には、「劇務ヲ解クヲ諭シ」て、待詔院《たいしょういん》学士という本人たちにも違和感を覚えさせた呼称の隠れ蓑を用意した。(11)おおむね彼らは謀計的政略と術策的戦略には長《た》けていたが、新しく近代国家をデザインする実務的知恵には乏しかった。原口清が指摘したように、「また具体的な経済政策をもちあわせてもいなかった」(12)のである。

かわって表面に躍り出たのが、薩長ロンドン帰りを核心とした革命第二世代ともいえる文明開化指向の改革派実務官僚達だった。それまで彼らは主に宗城が主宰してきた外交畑に所属していた。(13)ちなみに三職八局制下の外国事務局(慶応四年二月三日)の構成を見ると、督《かみ(トク)》が山階宮晃《やましなのみやあきら》、輔《すけ(ホ)》は伊達宗城・東久世通禧《ひがしくぜみちとみ》で、権輔《ごんのほ(ゴンノスケ)》が鍋島直大《なおひろ》、その下の判事《じょう(ハンジ)》には井関盛艮《もりとめ》、*伊藤博文、*井上馨、岩下方平《まさ(みち)ひら》、**五代友厚《ともあつ》、**寺島宗則《むねのり》、**町田久成《ひさなり(すみ)》という人材配置で、実働部隊長格の判事ポスト七名中の五人を留学生組に充てていた(星印《アステリスク》ひとつは長州の、ふたつは薩摩のロンドン留学組)。なお旧宇和島藩士井関は長崎、横浜開港場で宗城の右腕として、薩摩の岩下は薩英戦争の交渉役、その後の薩英和睦、パリ万博薩摩国団長として活躍した共に有能人だった。

明治三年に入ると、政府の組織が整うにつれて、開明派若手の実力者たちが次第に行政府上席に姿を現してくる。

民部大蔵小輔伊藤博文、外務大輔寺島宗則を始めとして、民部大蔵では大丞井上馨、権大丞山尾庸三《ようぞう》、井上勝《まさる》（野村弥吉《やきち》）、権小丞上野景範《かげのり》らが、それぞれの藩閥の武力を背景にして文明開化の第一線で実力を発揮してくる。興味深いのは、宗城の民蔵省上層部に集まった留学組若手は、伊藤、井上など五人の長州ファイヴのなかの四人もいるが、薩摩留学生は特に宗城と親交のあった五代を除けば、判事クラスには誰もいない。そのうち五代も消えていく。宇和島嫌いの西郷に遠慮したとしか考えようがない人事になっている。[14]

ところが、明治二年七月の太政官制改定にあたって、新生日本の近代化の先頭に立つべき民部大蔵省の卿を引き受ける人物がいなかったのだ。誰がやっても失敗する蓋然性は高く、松平慶永が尻ごみしたのもその故であっただろう。「補注［一］」と「解説三」で述べているように、大隈重信《おおくましげのぶ》と伊藤博文は卿のいない省の大輔と小輔に就いているのである。

では、三カ月前に政府を去っていた宗城が、春嶽と閑叟の泣き落しにあったとはいえ、なぜあえて海図のない未知の荒海にうって出たのか。

実はその時、宗城は彼なりの青写真を手にしていたと考えられるのだ。それは上述のロンドン帰りの開明派薩長若手の能力に賭けたことが一つ。加えて義弟鍋島閑叟《かんそう》臣下の偉才大隈八太郎《やたろう》という協力者がいた。また大広間大名時代に培《つちか》った旧幕の開国派官僚との交流から生まれた有能な幕臣層についての豊富な知識があったことと[15]更にもう一つ、これはほとんど歴史家に知られてこなかったが、慶応二年六月の英艦宇和島招待[16]以来密《ひそ》か[17]に培ってきた大英帝国公使Harry S. Parkes《ハリー スミスパークス》との交流があった（口絵参照）。宗城はこの三者を繋げば、何とか日本の近代化をなし遂げられると踏んでいたと考えられる。[18]

二　新生日本の土台を据《す》える──改正掛《かいせいがかり》という坩堝《るつぼ》

民部大蔵卿伊達宗城、同大輔《たゆう(たいふ)》大隈重信、同小輔《しょうゆう(しょうふ)》伊藤博文らが、実務派新進有司に力を発揮させる新舞台民部大蔵省を設《しつら》えたのであるが、その下に多くの旧幕実務者が採用されている。その中には逸材渋沢栄一《しぶさわえいいち》もいた。

維新革命後の行政主務官庁である民部大蔵省では、誰一人経験のないぶっつけ本番の毎日で、全国から押しよせる種々雑多な緊急事態にただ右往左往するばかりではないかと、静岡藩常平倉肝煎《じょうへいそうきもいり》渋沢栄一は、熱心に政府への就職を慫慂する大隈大輔に鋭い矢を放った。(19) 政府入りに抵抗していた栄一だったが、たび重なる大隈の説得についに折れ、明治二年一一月一八日改正掛(20)を置くことを条件に租税正《そぜいのかみ》のオファーを受諾した。(21)

その一日前の一七日に栄一は「省中改正之儀ニ付伺書草案」を提出した。政府への就職に条件をつけたのである。全文をその日記から引用する。

「民事ハ治国の根楨《底》、諸政之基礎ニ候処、中葉《中世》以降将門《まさかど》弄権《権をほしいままにし》百事自家之臆断ヲ以経画《計画》シ、郡国之経界《きょうかい》(22) 都邑村里之□《ママ》（都邑村里之称カ）、□《ママ》桑商賈《しょうこ》(23)（蚕桑商賈カ）之税、度量衡之定則其他緊要民命ニ関スル所務総《すべ》テ紊乱シ、一定ノ法難認哉《みとめがたきや》ニ奉存候《ぞんじたてまつりそうろう》就而《ついて》ハ目前之事唯旧貫《旧慣》ニ仍《より》候迄ニテ、真性ノ御改革無之《これなく》テハ遂ニ御基本難相立、実ニ此上モナキ急務ト奉存候間、此度省中ヲ全《すべ》テ改正掛相立《あいたて》、可然《しかるべき》人物相撰、右掛《かかり》申付和漢洋古今之美意良法ヲ斟酌シ、折衷ノ上一定ノ御法《ごほう》相立候様仕度《したく》、此段相伺申候　以上」とある(24)（傍点・ルビは近藤）。

書生っぽい文章がかえって新生民部大蔵の初々しさを感じさせる。栄一が言いたいのは、政府の実情を見ると、皆々その日暮らしの雑用に終始しているではないか。平将門以来の因循で旧態依然とした封建的陋習を改善し、和漢洋古今の良制を適宜折衷して新政府の根軸となるべき確乎たる政策に沿って、省政を刷新「改正」、言いかえれば近代化、能率化をする必要があり、まず諸改正の担当掛を置くべきだという建白である。新生日本の行政原則が特定のイデオロギーを前提とせず、プラグマティックな「和漢洋古今之美意良法」の開発にあったことは興味深い。

栄一を政府に呼んだのは他ならぬ民部大蔵卿宗城その人だった。成書にはあたかも大隈・伊藤がこの人事を差配したかのような表現が見られるが、[25] それ以前に大隈・伊藤両者と栄一との間に何らかの接触があった史実を記述しているわけではない。単なる結果による原因の推測にすぎないようにみえる。

栄一自身が自分の民部大蔵省出仕には宗城の推挙があって、また旧幕臣郷純造の意見も加味されていたと『雨夜《あまよ》譚《がたり》』に述べている。[26] 先の建白草案を書いた日に、栄一は伊達民部大蔵卿と面会する機会があって、栄一の「仏国在中之儀其外ニ付」いても宗城と会話を交わしたとしている。[27] 宗城は栄一を慶喜家臣の渋沢篤太夫として名前だけでも知っていたようだ。清水家公子徳川昭武《あきたけ》のパリ博覧会出張随行と、そのあとの昭武パリ留学での渋沢篤太夫の活躍も宗城は熟知していた。[28] 明治二年六月付で外務卿宗城は、昭武が仏国に留置した財産を渋沢篤太夫に返却する命令を元在仏領事フリュリ・エラールに出しているのである。[29]

宗城の決断は総じて速い。[30] 熟慮断行の人だったと思う。翌一八日栄一は「改正掛《かいせいがかり》被仰付候事」の民部省辞令[31]を受け、「右之通卿《宗城》ヨリ御直達《おじきにたつし》相成外《ほか》大輔《大隈》ヨリモ申談有之《おはなしこれあり》」（ルビは近藤）と日記に書いている。[32] 揃って弁舌家の卿と大輔が栄一を口説いてなった人事だったことがわかるが、説得の主役は何といっても直接の上司大隈の長広舌だったようだ。[33]

改正掛担当に抜擢された渋沢は当初諸官員からの猛烈な反対に曝されたが、短時日の間に皆の協力が得られるようになり、[34] 傍観気味の大小丞達も積極的に参加する展開となった。前島密《まえじまひそか》、赤松則良《あかまつのりよし》、杉浦愛蔵《すぎうらあいぞう》、塩田三郎《しおださぶろう》、佐藤《さとう》与之助《よのすけ》（政養《まさやす》）、古沢茂《ふるさわしげる》らの静岡勢その他が改正掛へスカウトされて(35)、総員十余名の有用なスタッフが勢揃いした(36)。こうして生まれた民部大蔵省改正掛は、官員相互の切磋琢磨を通じて知恵を出し合う坩堝として、揺籃期政府の形を手探りで造形していった。これが宗城が主宰した行政の原型《プロトタイプ》であった。

今まで再三述べたように、宗城は所謂《いわゆる》長州ファイヴとか薩藩欧米留学組と連携したが、旧幕の開明派との絆も大切にした。開明的藩主の一人として、戊辰戦争までは現実論としての公武合体論、大政奉還以後は公議政体論者として行動したが、「和の政治論者」としての彼の思想は一貫していた。といっても彼は名目や外見にとらわれないリアリストでもあった。旧幕が圧縮された感のある静岡藩からの人材確保の姿勢に、それが反映されている。このことが薩摩派の代弁者大久保利通の反感を買ったことはよく知られている。

改正掛は、本来の職務のうえにこの掛を兼帯することで、官員数増加を予防し、本来の職務に関連する懸案問題について、身分の上下を問わず、仲間内で智慧を出し合うことに重点をおいた風通しのよいシステムであった。問題に逢着した改正掛兼職官僚が「廻議書(37)」を一同に回覧して、議論の端緒を開く。各掛が思案検討した後に対面会議を開いて議論を重ね、切磋琢磨して解決した。

「会合には伊達大隈伊藤等の卿輔も出席し尊卑の別を置かず、互に襟懐を開きて時事を討論したるが故に、局中常に和合し、人皆喜びて事に当れり(38)」。すなわち卿、大輔も出て、身分の壁をこえた率直で活発な意見を愉快に交わしたと渋沢は言い、前島密も「而して大隈、伊藤両氏も出席し、民部大蔵卿伊達侯も亦臨席し、放胆壮語一も尊卑の差等を置かず、襟懐を開いて時事を討論せり。余は是に於て再び心に喜び、頗る愉快を感ぜり(39)」と話している。

昭和二〇年以前の日本に、このように自由闊達に機能した行政機構がほんの一時期とはいえ存在しえたことは、あまり類例のない希な事件だったと言えるのではないか。お手本が存在しない御一新政府の自由度が高かったのだろうが、伊達、大隈、伊藤トリオの性格も与《あずか》っていたと思う。

その頃省内で玉乃《たまの》小丞を中心にナポレオン法典[40]の検討が始まっていたが、栄一は「ナポレオンコードハ既ニ開成所にて飜訳取掛候旨伊達卿ヨリ御申聞有之《おもうしきけこれあり》」（ルビは近藤）と宗城からの情報を玉乃へ伝えている[41]。宗城の関心領域の広さは彼の好奇心の強さによると思われる。

大広間詰《おおひろまづめ》大名として開国派外務官僚の支持を得、慶応二年には英国艦隊を宇和島に招待し、パークスをしてその日本人離れのした開明性に驚かしめ、維新後には薩長のロンドン留学組と関係を深めた一方では、西周《あまね》や津田真道《まみち》など旧幕インテリゲンチャにも目を配り、後には明六雑誌会員とも交流する宗城の真骨頂を覗き見る思いがする。用件は定かではないが[42]、宗城は時々開成所へも顔を出している[43]。

合理的・近代的方法論の実践で、封建社会の文明化に貢献したにもかかわらず、改正掛は大蔵省正史ではあまり評価はされてないようだ。明治二二年刊行『類纂大蔵省沿革略志』[44]には「十一月改正掛ヲ置ク」とだけ出ているが、『大蔵省沿革志』にはその記載がないという[45]。

改正掛が幕を閉じる前後の民部大蔵省については、古い回顧談のうえに編輯が杜撰で史料としての正確度にかなり難があるとはいえ、『世外侯事歴維新財政談』の座談記録がある。当事者が迫真的な表現で述べていて、史料として捨て難い。特に宗城とその後を襲った大久保利通[46]の手法の差が、自《おの》ずと陽の目に晒されている。

大久保は背後に島津久光、西郷隆盛に代表される薩摩のマジョリティの抜き難い保守主義（西郷一派の場合は士族ユートピアへの執着[47]）を背負っているだけに、急速な西欧化にブレーキをかける必要に迫られていた。その一端が小紛争として表面化したのが、次節で取り上げる一度目の所謂民蔵分離騒動だったと思われる。

廃藩置県のあと大蔵卿に就いた大久保は、腹心の安場保和《やすばやすかず》、谷鉄臣《たにてつおみ》を大蔵大丞に据えた。渋沢は、大隈に代わって大蔵大輔の席に就いていた井上馨をはじめ大隈・伊藤系人脈を、安場らが「監察的の考えをもって」臨んでいると見た。[48]つまりあら探しを企んでいると感じたのである。

大久保が太政官で八〇〇万円の軍事予算を決めてきたことがあった。栄一は大丞として、来年の歳入が決まらない時点での金額決定に同意できなかった。権威主義的で早却《さつきやく》な利通は烈火のごとき怒りを爆発させ叱責した。栄一は辞表を書いた。井上大輔は困惑したが、なんとか栄一を慰留した。しかし両派の軋轢《あつれき》は強まるばかりで、お互いに罵倒し合う醜態をさらけ出すにいたったという。[49]宗城が築いた和気靄々《わきあいあい》の民部大蔵省は過去のものとなっていった。

本日記明治二年一〇月三日の記事に、八月まで渋沢の下で静岡藩常平倉掛（経済官僚）だった前田重吉[50]が民部大蔵省の監督司小佑《しょうじょう》として登場しているのは（多分まだ内定の段階と思われるが）注目に値する。栄一が民部大蔵から声をかけられたのは一〇月一八日であり、[51]一一月五日に租税正《しょう》（かみ）の辞令[52]を下付されているのだから、重吉の採用に栄一は直接には関与していないと思われる。従来の会計官から脱皮した新設民部大蔵省の陣容を整えるために、民部大蔵卿宗城が決して単なるシャッポではなく、自分の裁量でスタッフ集めに動いていたと考える根拠の一つになるからだ。

七月八日の太政官制改定にあたって大隈を民部大蔵の大輔に、伊藤を小輔に据えるのを太政官三職（大臣・納言・参議）が決定したのは、宗城の大蔵卿就任を前提とした合意が成立していたからではないだろうか。このスキームが宗城の突然の外務卿辞任で破れていたために、松平慶永のショートリリーフに頼らざるをえなかったと、考えたいのである。

三　保守・開明路線政争（いわゆる民蔵問題）

明治二年の民部・会計・大蔵首脳の任免が一瞥してわかるように作図してみると（付図「明治2年民部・会計・大蔵首脳任免表」）、一つ無視しえない問題に気がつく。太政官制改定の日（明治二年七月八日）に大隈重信は大蔵大輔に就任したが、同月二二日に民部大輔に転出している。その日から同年八月一一日まで（b-b）、大隈は大蔵省の大輔を兼任していたかどうかが問題なのである。最近の伝記類を見ると、『大隈重信下』[53]の年表では「二年七月二二日民部大輔」、「八月一一日大蔵大輔兼任」と非兼任説であるが、今なお両者兼任となっているものもある。[54]世に言う民蔵問題が絡むので、この問題を考えておきたい。

七月二二日の『史要』（二五六頁）には「大久保利通ヲ以テ参議ト為シ、大蔵大輔大隈重信ヲ民部大輔ト為シ」とあり、対立関係にあった大久保が参議に昇格したその日[55]に大隈は民部に移されていて、かつ大隈の「大蔵兼任」の文字はこの日の同書記事にはない。それが表れるのは八月一一日で、「民部、大蔵二省ヲ合セ」、「民部大輔大隈重信ニ大蔵大輔ヲ兼シム」とあるのだ。これは先学諸氏[56]も指摘しているように第一次民蔵合併の記事にほかならない。この政争の勝者は木戸孝允であり、敗者は大久保利通だったようだ。

この問題だけかどうかは断定に至らなかったが、この頃大久保は差控《さしひかえ》を申し出たようで、八月二〇日に差控となり、一日だけの形式的なものであったとしても、自分の失策（大久保が主導した明治二年の実質上初回の民蔵分離が短時日で失敗したこと）に一応の決着を付けざるをえなかったのではないかと推測される。[57]

木戸・大隈・伊藤サイドの状況を振り返ってみると、大隈が卿のいない新設大蔵省の大輔に就いた七月八日の三

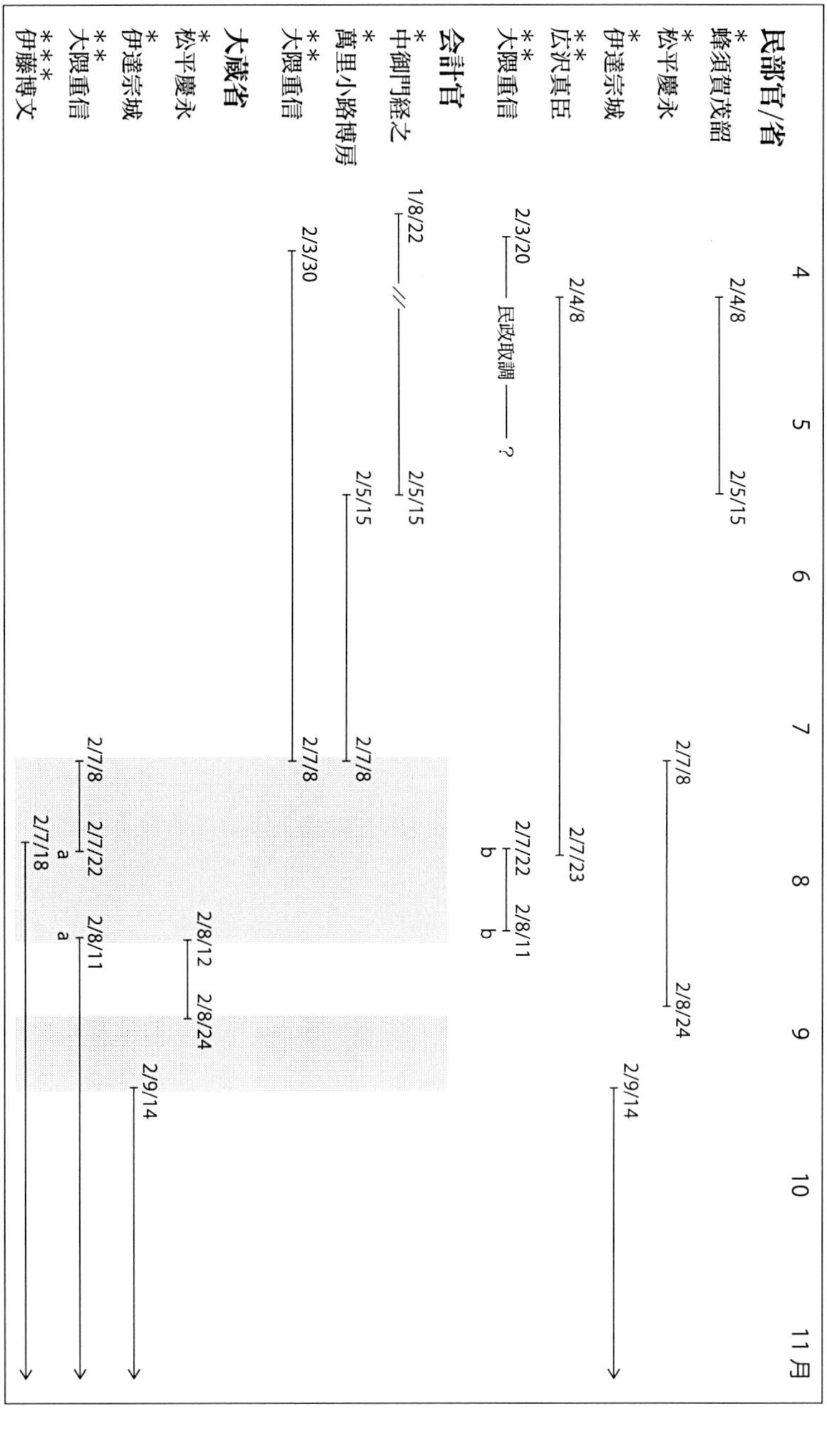

【明治２年民部・会計・大蔵首脳任免表】

（表中＊は知事・卿、＊＊は副知事・大輔、＊＊＊は小輔。数字は年／月／日）

日後一一日の木戸日記には、「大隈伊藤来る大に時事を論断し互に浩歎して別る」とある。[58] この時点では木戸、大隈、伊藤の旗色は芳しいものではなかったようである。

その一一日後に大隈は、民部大輔の辞令を受ける。伊藤によると、大隈と伊藤は七月二二日の辞令を大蔵から民部への左遷と受けとめて、二人の連袂《れんべい》辞職の脅しを政府にかけることになる。[59] 反撃に出たのである。二人の闘争の援護射撃をしたのが病身の木戸で、その奔走の結果、[60] 急遽政府は二年八月一一日付で民蔵合併（言うなれば第一次の）に踏み切り、[61] 民部卿松平慶永に大蔵卿も兼ねさせて大隈・伊藤をつなぎ止めたと考えられる。[62]

筆者の作業仮説が正しければ（つまり、大久保の差控に別の相当な理由がなければ）、僅々二〇日の間に逆転劇が演じられたことになり、開明派にとっての歴史的意義は小さくない。これを契機に進捗した貨幣・鉄道・電信・郵逓から工部院新設への伊達・大隈・伊藤のドラスティックな近代化路線が順調に滑り出したのだから。

今まで明治二年七・八月の民蔵分離・合併劇は、一般に明確には認識されてはいなかったようだ。それを最初に指摘した当の佐々木克も「民・蔵改革問題が中央政局でにつまって行ったのは、明治三年三月頃からである」としている。[63] 大隈の民部左遷の九ヵ月も後ということになる。

いわゆる「民蔵合併・分離」を論じるのに、政治史的、行政史的あるいは思想史的観点のどこに照準を定めるかを意識しておくのが大切なように思われる。拙稿は、政治史つまり権力の移動を中心に据えていることをお断りしておきたい。

七月二二日人事を大隈の民部左遷と見れば、わずか二〇日足らずであったとしても、これ（b-b）が明確に第一次民蔵分離期間ということになる。この政情を反映するために、表での大蔵大輔としての大隈の実線が七月二三日から八月一〇日の間を空白にしてある（a-a）。兼任ではなかったからである。また、グレーで囲んだ期間は大蔵卿が空位であることを示している。卿空位での大隈大輔就任については、補注［一］［二］も参照していただきたい。

四　アレクサンダー・フォン・シーボルト――宗城とパークスのリエゾン・オフィサー

本書に「シーボルト、シーボル」、「アレックス、アレキ」などとして登場する人物は、ババリア《バイエルン州》はヴュルツブルクの学者貴族の出[64]である博物学者・医師・日本研究家 Philipp《フィリップ》 Franz《フランツ》 von《フォン》 Siebold《シーボルト》[65]の長男 Alexander《アレクサンダー》 Georg《ゲオルク》 Gustav《グスタフ》 von《フォン》 Siebold《ジーボルト》（以下アレックスと略）である。

アレックスは世界的に著名な父親とは異なり、ほとんど人には知られず、「姿の見えない外交官[66]」と評されているという。その原因は、彼の政府記録が関東大震災と東京大空襲の火災で焼失したこと、彼が日本雇用の官吏でありながら、大蔵、外務両省の公用のうえに私用も含めて比較的長期の駐欧期間があること、日本政府関連の多くの分野にわたる仕事をこなした[67]ことなどによるのであろうか。彼の本格的評伝もなかったのが、令和五年に広い視野で見ながら、些事といえども手を抜かない、手応えのある待望の一冊が堅田《かただ》智子によって上梓された[68]。ただ惜しむらくは、日本移籍のときのアレックスとパークスの関係に誤解があると筆者は考えている。アレックスがパークスと宗城の連絡要員だったという小論の趣旨とは整合しない所があり、一言私見を注釈で述べておく[69]。両論の乖離はひとえに情報の欠如に起因すると思われるので、この小論がそれを補填することを期待している次第である。

一二歳一一カ月のアレックスは、安政六年の父フィリップ再来日に伴われて長崎に来た。そこで腹ちがいの姉楠本おいね[70]、その娘お高《たか》、その夫で宇和島藩の蘭英学者、医師の三瀬周三（諸淵《もろぶち》）[71]、その義父のフィリップ・シーボルトの学僕だった医師二宮敬作[72]とその早世した嗣子逸二《いつじ》[73]などの宇和島藩フィリップ・シーボルト関係者との交流が始まった[74]。アレックスは、最初からいわば長崎在住宇和島洋学グループの身内ともいえる立場におかれた。厳しい教師周三から長崎在住中の二年間、日本語の読み書きを徹底的に鍛えられた[75]。それが後々通訳、外交官としての異例の若さで出世する原動力となったのは言うまでもない。

アレックスは父フィリップ・フランツに似て、文才にたけた学者肌の人物だった。父と三瀬周三の江戸旅行に同行し、その顛末を書いた紀行『ジーボルト最後の日本旅行[76]』を遺している。また多岐にわたる多くの論文を書いたことは、竹内精一の『シーボルト父子伝』で概略わかっていたが[77]、何分簡略な記載なので隔靴掻痒《かっかそうよう》の憾《うらみ》を免れなかった。今回ありがたいことに堅田の『広報外交』の出版でその悩みは概ね解消した[78]。

文久元年一一月に、ポルトガル名誉領事E《エドワード》・クラーク[79]の提案を父フィリップが受け入れて、一五歳のアレックスは英公使館の通訳職に就き、外交官歴をスタートさせた[80]。定員外通訳とはいえ、端《はな》からなかなかの厚遇で、フィリップは「英国公使館のアタシェとなり三〇〇ポンドの俸給で雇わる[81]」と書いているし、アレックスは「俸給と官舎を提供され、無料で公使と会食をともにし勤務についた[82]」と回想している。父が薦めたロシア海軍ではなく、オールコックの下で働くことになった幸運について、さっそく母へレーネへ手紙を書いている[83]。世界に名の知られたフィリップの子供[84]とはいえ、アレックスの言語能力にクラークやオールコックが着目したことが彼の「僥倖」だった。ヨーロッパ貴族の出という身分が英国外交に寄与する役割も考慮されたと推測され、七つの海に君臨する世界帝国イギリスの余裕がシーボルト一家に幸いしたことになる。

元治元年末に、下関戦争の責任を問われてオールコックが本国に召還された時、彼はアレックスの三年にわたる休暇も取らぬ精勤ぶりを称賛して二ヵ月の有給休暇を与え、そのうえに公使館に急用がないかぎり、さらに一ヵ月の休暇を追加している[85]。

この休暇で長崎の鳴滝邸[86]に滞在していたアレックスが、長崎在住の各藩代表に外国と直接貿易を行う意思の有無を調査したことをGrace《グレース》 Fox《フォックス》が報告している。[87] その結果は、筑前黒田藩と肥前鍋島藩、それにすでにアレックスとは面識のあった可能性のある宇和島藩の家老松根圖書[88]が積極的に賛意を表したというものであった。フォックスはこの情報を、代理公使ウインチェスターから首相ラッセルに宛てた慶応元年三月四日の書簡から引用しているのだが、[89]休暇中にも公務を忘れないアレックスの律儀な性格がよく表れている。アレックスの調査は翌二年六月の英艦隊宇和島訪問に繋がったのである。[90]

オールコックのあとを襲ったパークスは、慶応二年一一月二八日にアレックスから徳川昭武一行の訪仏についてのnote《報告》を受けた。パークスの返書には、I am much obliged for your note of yesterday…. The news you send me is very acceptable & is entirely new to me. とあった。[91] acceptable という言葉を使用しているのは、何らかの提案がアレックスのnote にあった可能性を示唆している。この時アレックスは一年間のヨーロッパでの賜暇に入る直前だった。彼はそれを利用して、昭武使節一行に潜りこみ、幕仏関係の情報取得かたがた、あわよくばナポレオン三世に謁見する、という提案をパークスにしたらしい。というのは、以後の経過が次のように展開したとみられるからである。

まずアレックスが、英国公使館員としてではなく私的に徳川昭武側と接触する了解をaccepted note に沿ってパークスに求め、鎬《しのぎ》を削る英仏外交政略上の理由から、[92]アレックスの策略に乗ったパークスが、アレックスに昭武外交団の通訳になることを容認する。[93] それを受けて慶応三年一月早々、アレックスが幕府の外国奉行に昭武使節団の無償通訳奉仕を、善意の個人的意思として申し入れる。[94] 間《ま》のいいことに、たまたま日本語に通暁した通訳がいなくて困惑していた幕府は、アレックスに内諾を与えたうえで、[95] 一月六日に改めて英公使へアレックスを使節団通訳として採用する許可を求めたのである。[96] パークスは一月八日付で了承の書簡を幕府に与えた。[97] わずか中二日おいた慶応三年正月一一日、昭武使節団は通訳アレックスを帯同して横浜港を解纜した。[98]

旅行の途次アレックスは昭武使節団員とも良好な関係を保ち、特に団長格の公使向山隼人正《むこうやまはやとのしょう》（黄村）に気にいられ、色々と重宝がられたようだ。パリ宮廷ではナポレオン三世への謁見にも成功して、彼は要領よく当初の目論見をとげた。[99]アレックスはパリから一足先にドイツに帰ったようだが、[100]使節一行がロンドンに到着し、ヴィクトリア女王が昭武を謁見した際には通訳を勤めている。[101]

アレックスに特別な交渉の才能があったのは否定しがたい。確かに「シーボルト二世」としての余慶もあっただろうが、それを十二分に活用できたのも彼の才能といえよう。

明治二年九月一四日締結の日墺《ニホンオーストリー》（洪《ハンガリー》）修好通商航海条約は、アレックスの刮目すべき要領の良さと努力が相まって、使節来航から条約締結までわずか一七日という早業で締結され、パークスをして「十日間の条約」[102]と評せしめた。この業績でアレックスは、オーストリー＝ハンガリー帝国皇帝フランツ・ヨーゼフ一世から墺洪国の男爵位を授与されるのである。[103]

前出第一節の終わりで、宗城のパークスとの提携による日本近代化の着想について触れておいたが、アレックスを通訳として帯同した慶応二年の宇和島来航時に、パークスと意気投合した宗城と実際にそのような会話を交わした可能性も否定はできない。そうであれば、アレックスは貴重な連絡係となる。口絵のパークス宛書簡の最後で宗城がアレックスを褒めそやしたのには、そんな魂胆があったのかもしれない（口絵参照）。

一方パークスは、これは降《くだ》って明治三年の話だが、宗城の要請に応えてアレックスの日本政府への移籍に合意している。[104]灯台、電信、港湾、橋梁に加えて鉄道の売り手と買い手の差があるとはいえ、英国の技術と資本に頼ろうとした両者であれば、宇和島藩と強い結び付きのあるアレックスの日本政府への移籍は合理的な決定だったといえよう。

ところが本日記によると、この移籍はスムーズに行われたわけではなかった。いや頑強な抵抗にあった。その当事者が、三ヵ月前まで外務卿宗城の下で薩摩開明派トップランナーの役を担ってきた外務大輔寺島宗則《むねのり》その人であった。日記にはアレックスの名前が、二年一〇月七日を初回として一八回登場する。その内の八回は別の公用が確認または推測できるが、一〇回はほとんど名前のみの記載なので、日本政府へのアレックス移籍に関係する言及と見ていいのかもしれない。

注目されるのが、寺島外務大輔への直接談判が三回あることだが、寺島は最後まで拒否し続けて結局、民部大蔵大輔大隈重信が今回限り[105]との条件付で引き受けた恰好で一応の決着を見るのである。

寺島がアレックスの移籍に同意しなかった理由は西郷ら薩藩主流の意を忖度したためであろう。寺島がアレックスに悪意を持っていたとは考えにくい。好感を持っていたと思える話が「寺島宗則自叙年譜」にあるからである。レイ借款について民部大蔵の大隈・伊藤と外務の寺島が会議を持ったとき、契約の欠点を寺島が指摘して大議論になり、深夜の一二時に至った。結局、小訂正で寺島は納得させられて捺印したという。後日、アレックスが貴方の意見が正しく、レイとの条約を「解キタル方貴國ノ益ナル可カリシヲ」と指摘したと寺島は書いている。[106]幕末洋学者のなかでも一頭地を抜いていた逸材の寺島は、レイへの違約金も含めて「此金ハ實ニ皆鉄道ニ用ヒラレ其益少カラス明治六年ニ起セシ外債ノ無益ナルノ比ニ非ズ」と追記している。彼もまた五代・中井（弘）同様の鉄道敷設を国策の中軸に据えた薩摩の少数派だったのである。[107]

執拗に寺島にアレックスの移籍を要請し、三年七月のヨーロッパ派遣になんとか漕ぎつけた宗城は、後で述べるヨーロッパでの火急の案件の処理と日本政府近代化に関わる調査に、欧州系貴族のアレックスが最適の人物だと見ていたと思われる。

では、アレックスはヨーロッパでどのような用件を処理したのか。

訪欧中のアレックスの宗城宛報告書簡があるので、付録として巻末に掲載した。[108] 原文は達筆とはいえないが誤字もそれ程はない、まあ程々の日本語候文として通用するレベルである。上野景範[109]の通訳・秘書役としての本来の任務以外にも、フランクフルトでの紙幣印刷、スタンプの発注（これはアレックスの発案で上野と前島も賛成）、鉄道建設関連の情報収集、工部院（のちに伊藤を長として日本の工業化を推進する工部省の基となる）設立の基礎的調査など多忙を極めたようである。加えて、男爵位を受けたオーストリー宮廷への表敬訪問など、自立的に儀礼外交もこなしたと自慢している。また、欧米各国の帝国主義的侵略の現状分析を伝えているが、これは宗城にとって有益だったのかも知れない。

ここで、幕末の開明派旗手寺島陶蔵（松木弘安）がなぜアレックスを拒否したのか、について一考する必要があるだろう。

宇和島には文久三年の薩英戦争で捕虜になった五代と松木の逃避行を扶けたという口碑があるが、史料的裏付けに乏しい。情報通の宗城だが、優秀な開明派としての松木弘安と五代才助と宗城の三者の関係性は判然としない。それでも元治元年末に来宇して松根圖書の家に滞在する五代才助を宗城は謁見しているし、[110] 慶応四年一月十二日に寺島陶藏、陸奥陽之助（宗光）、中井弘藏を、同二一日には五代才助を外務畑の参与に推薦したのは、宗城である。[111]

五代はどちらかといえば才気煥発の猪突型だったが、寺島は熟慮慎重の学者型だったようなので、[112] 寺島は政府主流に身を置いておのれの理想を実現しようとしたのであろう。彼は五代才助や中井弘《ひろむ》の轍は踏まず、外交畑の第一人者として伯爵の栄誉を手中にできたのである。

急激な西洋文明の流入に抵抗を感じる人々は多かった。特に封建制度の崩壊が自分達の存在基盤を転覆することに侍《さむらい》階級は深刻な危機感と怒りを覚えていた。止めどもない西洋化に歯止めをかけたかったのが、西郷隆盛や庄内の菅実秀に代表される儒教的世界観の上に立つ守旧勢力で、近代化につっ走る宗城や長州開明流とは鋭く対立していた。

明治四年廃藩置県の年に、西郷は「郡縣の制ハ長く行《をこなハ》れがたからん」と廃藩置県の失敗を予言する。(113) 両者の相克は、大きな流れとしては、封建への郷愁を捨てきれない侍《さむらい》ユートピアと開化ユートピアの闘争として、明治一〇年の西南戦争で漸《ようや》く一応の決着をみた血なまぐさい対立であった。

かたや宗城はといえば西郷とは真逆に、「皇国十年間位ニ不開化時《かいかせざるとき》ハ可及危殆事《きたいにおよぶべき》(114)」と、今開化を推進しなければ日本の近代化は失速する、この一〇年が勝負の岐れ目だと焦燥感にかられていた。鉄道や電信を敷設し、貨幣制度を確立することで、近代化の果実を急いで世間に認知させる必要があると考えていた。

「此度限《かぎり》雇之事大隈引受」という大隈の果断によって欧州へ旅立つアレックスへ、宗城は次のような訓示を与えた（七月二三日日記）。①パークスの真の意向をよく汲んでその指示に従うこと、②機密事項は必ず手紙で指示するから気をつけること、③日本の将来はこの一〇年の間に確実に実績をあげなければ失敗するだろうから、頑張ってほしい。

アレックスは、最近大勢の留学生が渡欧するが、身をもち崩したり、勉学に支障をきたす若者もいるので、(115) しっかり彼らを監督したいと申し出る。あるいはパークスの指示もあったのだろうか、パークスは慶応二年幕府ロンドン留学生の世話を細々と《こまごまと》焼いている実績があるのだから。(116)

それぞれの国益を代表して、日本の近代化（産業革命の遂行）をめざした宗城とパークスだったが、近代化の青写真は、すでにパークスの主導で幕府と各国外交団が慶応二年に結んだ改税約書（Tax Convension）（江戸協約）に具体的に描かれていた。(117) 約書には、港湾施設、灯台、貨幣鋳造などハードな課題だけでなく、交易の自由化、パスポートの交付、個人の外国渡航や国籍にかかわらない自由な雇用関係の確立などの法制的整備推進が当面の課題として提示されていた。慶応二年六月の英艦隊宇和島訪問も改税約書締結直後に、その精神に沿って実行されたのであった。

米国が先鞭をつけていた鉄道について約書はなにも触れていないが、将来的には巨大な事業となることは明白で、国益に思いを致せば英国政府としても座視するわけにはいかなかったはずだ。鉄道については次節で細説するとして、改税約書の青写真を具現化するためにも、宗城とパークスをとりもつ恰好の連絡官アレクサンダー・フォン・シーボルトの日本政府移籍は重要な役割が期待されていたのである。一例をあげれば、レイの鉄道資金公募の情報はOBC《オリエンタルバンク》横浜支店長J《ジョン》・ロバートソンからアレックスに伝えられ、公募一ヵ月後にはアレックス経由で宗城の耳に達していたのである（補注［二九］）。

五　鉄道導入での宗城とパークスのコラボ

わが国近代化の劈頭《へきとう》を飾る鉄道建設を、ユニオンジャック旗下の仕事師《アントゥルプルネール》パークスを中心に据えて、整理しておきたい。宗城が陰の協同者として控えているからだ。

明治二年一一月五日、三条邸に右大臣三条実美、大納言岩倉具視、外務卿澤宣嘉《さわのぶよし》、民蔵大輔大隈重信、同小輔伊藤博文が参集して、英公使パークスに東京―京都間の鉄道と電信の敷設が正式に決定されたことを通告した(118)。世にいう三条邸会談である。

非公式かつセレモニー的会議（実質的日英会談は本日記一〇月二〇日記事にあるパークス・岩倉・宗城の延遼館会議だったとみられる）であるので、感冒気味ということで宗城は欠席して、大小輔を表面に立てている。ここで指摘しておきたいのは、宗城は封建領主として身についた規範に沿って行動していることである。つまり、自分の政策は家臣に執行させて自身は表面には立たない。何百年もこの方法でお家の安泰を保ってきた保身的習性である。これは自己宣伝が必要な維新のいわゆる志士などとは根本的に異なるお家芸としての処世術なのである。ちなみに木戸との往来は極秘にしたかったらしく、木戸邸は隠語を用いている（本日記五三、五八頁）。しかも、言葉を変えている（土手と蓮坡）周到さだ。それに、何よりも刺客を怖れたと考えられる。新年の屠蘇《とそ》気分を破った横井小楠暗殺に続いて、手塩に掛けて育てた大村益次郎こと村田蔵六が暗殺されたショックは大きかったであろうし、慎重の上にも慎重な行動を、宇和島伊達家上下から要請されてもいた。

さて、日本政府の決定を聞いたパークスは満足げに鉄道のコスパを一席ぶった。彼の機嫌が良かったのは、慶応二年の江戸協約《改税約書》に仕かけた種子（灯台、電信、造幣、保税倉庫など）の中に入れてなかった鉄道敷設が、パークス自身の三年間の隠れた大奮闘があったとはいえ、ここに芽吹いたのを確認できたからである。三条邸会談の五日後に右大臣三条は廟議を開いて、宗城らの引いた路線に沿った鉄道敷設を決定した。(119)

江戸協約に鉄道条項がなかったことは、パークスの不安の種であった筈だ。小笠原壱岐守がすでにアメリカ公使館通訳官 A.L.G. Portman《ポートマン》 へ鉄道認可を与えていて、アメリカ公使は執拗にその実施を日本政府に要求していた。(120)鉄道に関して英国は一歩遅れをとっていたのである。

パークスが手にした最初の果実は旧幕時代からスタートしていた灯台建設だったが、慶応四年六月に来着した(121)灯台機械方 Richard《リチャード》 Henry《ヘンリー》 Brunton《ブラントン》(122)が、明治二年三月「蒸氣車鐵道」敷設の上申書を神奈川県判事宛に提出した。それは直ちに外国官判事へと伝達されたので、(123)時の外国官知事宗城はそれを読んでいたはずだ。文面では露骨にアメリカ鉄道の脆弱さと、英国システムの優秀さが強調されていて、パークスの心底が透けて見える文書であった。(124)

パークスは三条邸会議で、在オーストラリアの「機械師」すなわち鉄道技師長（Edmund《エドモンド》 Morel《モレル》 のこと）にはじめて言及している。[125] これでパークスが三条邸会談以前にモレル採用に動いていたことがはっきりしたが、後にHoratio《ホレーショ》 Nelson《ネルソン》 Lay《レイ》 自身もパークスの示唆でモレルを雇ったと伊達・大隈・伊藤宛書簡で述べている。[126]

では、パークスがモレルを知ったのはいつで、どのような経緯を辿ったのか。林田治男もそれについては特定していないようなのだが、Edwin《エドウィン》 Clerk《クラーク》 はロンドンの Clerk《クラーク》 Punchard《パンチャード》 社（C・P社）の共同経営者であり、C・P社は、南豪州のグレート・ノーザン鉄道会社（G・N社）にも参画していたわけだから、[127] G・N社と接触のあった南豪アデレード在住の土木技師《civil engineer》エドモンド・モレルを、E《エドウィン》・クラークがパークスに紹介した可能性が高いのではないか。[128] それに、モレルが三年半師事した当のお師匠の名がE・クラークなのだ。[129] つまり、C・P社のエドウィンとお師匠のエドウィンが同一人物だとすれば、情報は直接エドウィン・クラークからパークスに伝わったのであり、難問氷解である。パークスが、林田によるとかならずしも実績が豊富とはいえないモレル[130]を採用した理由だが、紹介者クラークが信用のおけるエンジニアの大家で、かつモレルの師匠としてモレルが優れた技術者であることをパークスに保証したのであろう。

モレルの能力を日本の関係者が高く評価するようになることは、彼とその妻ハリエットがわずか一九ヵ月たらずの滞日中に、相継いで病に倒れた時、[131] 明治天皇を初め、多くの日本人関係者が彼とその妻の健康を心配し、それに次いだ余りにも早い夫婦の死を悼んで、盛大な葬式が行われたことに表れている。[132] モレルの実力は最終的には日本での実績で証明されたといえよう。[133] このことからも、パークスの眼力の鋭さが知られる。

モレルの副役《そえやく》となる John《ジョン》 England《イングランド》 をはじめ南豪州技師人脈[134]の参入が、モレル来日に続くのであるが、彼らは見事に鉄路建設の所期の目的を果たしただけでなく、着任早々のモレルが鉄道技師学校の必要性を指摘し、翌年には工部省に工学寮が誕生して、日本人学生に鉄道技術を移入する道を開いたのである。[135]

レイ外債の経緯については、田中時彦を初めとして、諸家の詳細な研究が積み重ねられているので、それらの基本的著作とその該当頁を注として列挙しておく。[136]

ただ、レイを日本に派遣した投資家グループ（ＣＶＡ《中国事業協会》）の内紛訴訟と、日本政府の馘首に対するレイの提訴の英国東洋銀行《オリエンタルバンク》（ＯＢＣ）による仲裁など、当時の日本人には対処しがたい場合を想定して、特例弁務使上野景範《かげのり》[137]にはパークスの紹介状が与えられたうえに、[138]ＯＢＣ巡回監査員カーギル、[139]民部・大蔵からはアレックスが同行しているのである。

グレース・フォックスは、日本政府のレイ馘首の際に、英公使も英政府も全く救助の手をさし伸べなかったのに、気前の良すぎる補償金額をレイが手にしたことを訝《いぶか》っているが、[140]英政府もパークス公使も巨額な鉄道利権を失わないために、策を弄していたにすぎない。

灯台、造幣、鉄道、電信とパークスは休む暇《いとま》もなく、宗城を始めロンドン留学組の薩長若手民蔵・外務官僚（伊藤・寺島・井上馨・井上勝・山尾庸三ら）の支持を得て、日本の近代化（産業革命化）を大英帝国の人材・技術と機材に加え、その資本（オリエンタル・バンク）をも提供してなし遂げていくのである。パークスの掌《たなごころ》の上で進行する一幕を見る思いがする。慶応元年、来日早々の摂海砲艦外交による安政五ヵ国条約勅許の奪取[141]以来のパークスの離れ業を虚心に見れば、『パークス伝』の著者 Frederick《フレデリック》 Victor《ヴィクター》 Dickins《ディキンズ》 の「日本における彼の外交の歴史は、日本そのものの歴史にほかならない[142]」という言葉に文飾や誇張がないことがわかる。林田治男もまた「人形浄瑠璃の台本をロバートソンが書き、日本が演じている」と喩え、この辣腕銀行家を「パークスやサトウが後ろから糸を引いていた」と表現している。[143]

その脇でリベラルな旗本の血筋を引いた伊達宗城が、汗をかいていたのはあまり知られていない。

六　正史から消えた大総督府参謀林玖十郎とその再出仕

宗城が小姓に取り立て、幕末の京師に重用した家来がいた。八〇石取りの侍だが宇和島藩では虎の間詰の上士、林玖十郎《くじゆうろう》通顕《みちあき》である。慶応四年正月二五日参与、二月一四日大総督府参謀[144]と、宇和島藩士としては異例な早期かつ高位の出世であった[145]。

西郷をはじめとする薩摩士族主流は、戊辰戦争での宇和島の親徳川的体臭を敏感に嗅ぎとって、強い反発を露わにし、宗城が推薦した大総督府参謀林玖十郎は仕事らしい仕事も与えられず[146]、閏四月二九日には参謀を罷免されている[147]。五月二日に柳原前光《やなぎはらさきみつ》[148]の甲府先鋒総督参謀兼軍監として返り咲くが[149]、五月一九日参謀罷免[150]、一二月には参謀（正確には軍監）と徴士ともに罷免され[151]、一年二月には宇和島に帰っている[152]。

慶応四年二月、東征大総督府設置前後の西郷隆盛の行動は、「戊辰戦争の戦史記述として今日でも定評のある」[153]とされている『戊辰役戦史』の著者大山柏《かしわ》[154]自身が書いている通りの専断独走で[155]、薩・長・大村・佐土原四藩のいわば手兵、身内の精兵[156]（薩長など革命軍の中核）を率いる謀略家としての西郷像が浮かび上がってくる。その中でツンボ桟敷に置かれた林の困却した様子を、大山は「ノイローゼ」と揶揄し[157]、江戸開城の際には「だしがら」の役を担わせたと嫌悪心を率直に表白している[158]。玖十郎への侮蔑的記事は同書の一七七、一七八、五一五頁にもあるが、看過できない詭弁と暴論を二つだけ指摘しておく。なかには虚偽ではないかと疑われるものもある。

一つは慶応四年二月一六日[159]新任の沢為量《さわためかず》奥羽総督が、会津・庄内処分について問い合わせた際に、大総督府は有栖川大総督の名前で、

「…然ハ松平肥後、酒井左衛門謝罪之節、処置之事令承知候、於會津ハ實以死謝之外無之、松山、高松抔同日之論ニハ無之候、…。

大總督(160)

二月十七日」

と回答しているのだが、大山はこの「指令は下参謀《したのさんぼう》(161)たる林の負うべき責任であり、寛典論者西郷が合議してないために［会津は死謝］と強硬な回答をし」、そのために奥羽の「大変乱を惹起してしまった(162)」と詭弁を弄している。大山の主張が詭弁である所以《ゆえん》は、①大総督宮軍が征途についたその当日に西郷が寛典論者（将軍慶喜や朝敵藩主などの死を免じ、社稷《しゃしょく》も遺す）であったと根拠を示さずに断言していること、②あたかも奥羽戦争が林の一言で起きたかの如く論《あげつら》っていることにある。まだ江戸制圧の方途も定かでない時点にである。

そもそも徳川慶喜に対する寛典論が浮上するのは、早くても三月六日に慶喜恭順を前提とした「別秘事(163)」として駿府での大総督府の極秘軍議に挙がったのであって、それが日の目を見るのは九、一〇日の山岡鉄舟と西郷隆盛の駿府会談以降のこととされている(164)。それは有栖川宮軍京都進発の二〇日程も後の話である。

問題なのは大山柏の真偽の疑わしい強弁②が、今なお佐々木克のような維新史を代表する権威者の頭に消えがたい刻印を遺していることにある(165)。よしんば、この時点で西郷が寛典論者だったと仮定しても、西郷は本心を林に漏らすことは絶対にあり得なかっただろうし、もし林玖十郎が沢総督の質問に答えていたと仮定しても、林は廟議で決まった方針をオウム返しする以外対処の方法はなかったであろう。

あと一つは、七月一二日に今後の東北戦争の方針について、西郷と大村益次郎との意見が合わず、公布した作戦方針が実行されなかったのが、「あるいは林通顕の作意によったものかも知れない」と大山が主張していることである(166)。

閏四月に大総督府参謀を罷免された玖十郎は、大総督府の下参謀補助役の下席に落とされている（「官員録①」一八丁）。それ以降の大総督府作戦会議に参加できるはずもないが、なるほど前述のように甲府鎮撫御用で五月に参謀（大総督府参謀ではなく、さして重要でもない甲府攻略軍の参謀で、しかもわずか一八日間だけだった）[167]、ついで軍監に再起用されてはいる。だが一一月までは甲府在勤で、翌一二月には再度の徴士・参謀の罷免である[168]。林が追放された大総督府で「作意」を施すチャンスは絶無であったと考える他はない。大山の弾劾が殆ど虚像に近いという所以《ゆえん》である。

『戊辰役戦史 上』の出版は昭和四三年である。皇国史観の明治大正昭和初期ならいざしらず、まだマルクス史観が幅をきかせていた昭和の敗戦後に、このような藩閥的党派性をむき出しにした歴史書に遭遇できるのは、まことに興味深い歴史現象といわなければならない。敗戦による研究の自由化で、地方史研究の深化が進み、官軍が強行した無残な東北侵攻の悲劇が明るみに出るにつれ、何らかの弁明が必要だとの義務感がなさしめた歴史の歪曲改竄だったのだろうか。それとも、維新史の謎、彰義隊討伐直前の西郷隆盛から大村益次郎への官軍指揮権の委譲、つまり西郷隆盛の追放と、その後の薩長間軋轢の闇にからんだ玖十郎非難だったのだろうか。

ここで、付言しておきたいのは、どうも玖十郎本人は西郷の親炙《しんしゃ》にしっかりと浴していたらしいことである。玖十郎は慶応四年三月十日付林宛西郷書簡を「西郷先生之遺墨」として明治二八年まで大切に保持していたと言うし[169]、この遺墨ともう一本だけだが、慶応四年四月六日付玖十郎宛西郷書簡[170]を見る限りでは、大山の記述が暗示させるような異常な対立感情を読み取ることができないばかりでなく、いずれも戦場怱忙の緊張感の中に西郷の人間らしさの滲み出た、同役としての玖十郎宛の書簡で、西郷と林の関係の良さが読み取れるだけに、筆者は三度《みたび》首を傾《かた》げるばかりであった。

さて、帰藩後の玖十郎である。彼は明治二年四月先祖の伊予河野氏系譜にあやかって、得能恭之助《とくのうきょうのすけ》と改名した[171]。そのまま僻地宇和島に隠遁するつもりだったと思われた。

ところが一旦《いったん》正史から消えた林玖十郎通顕の名が、明治二年九月二〇日の『東久世通禧日記』(172)に得能恭之助通顕の名前で登場する。東久世新開拓使長官と北海道へ赴任する上級官員一行の中にその名が見られるのだ。宗城とは浅からぬ仲だった東久世通禧長官が、縺《もつ》れにもつれた北海道ゲルトナー七重《なない》村開墾事件の外交交渉を処理するために、帰郷していた得能を二年七月、箱館府判事、翌八月開拓使権判官として呼び返したらしい(173)。

ユンカー身分のプロシア人（北部ドイツ連邦）R・ゲルトナー(174)は、慶応三年に幕府箱館奉行杉浦兵庫頭《ひょうごのかみ》勝静(175)へ蝦夷地に農業試験場を開設する許可を働きかけていた(176)。慶応四年閏四月には、箱館府知事清水谷公考《しみずだにきんなる》が頼りとしていた箱館府判事井上石見《いのうえいわみ》が(177)R・ゲルトナーの計画に好意的だったが急死。明治元年一〇月に(178)榎本軍の箱館侵攻があり、R・ゲルトナーは明治二年二月「蝦夷地七重村開墾条約」を蝦夷共和国と交わして、七重村近辺三〇〇万坪の九九年間租借権を得ていた(179)。新政府が北海道を回復した際に、箱館府判事心得南貞介《みなみさだすけ》(180)が独断専行的にR・ゲルトナーと再契約してしまっていたが(181)、契約の実態、経緯の詳細が不明だった。南はその詳細について得能の追及に真摯に応えず、最後には逃げるように姿を消してしまったとのことである(182)。

ゲルトナー事件の開拓使担当判事は岩村通俊《みちとし》(183)で、旧宿毛藩士として宇和島とも関係が深かった岩村と数少ない宇和島藩尊攘派林玖十郎とは旧知の仲であった可能性があり、得能の開拓使採用に岩村の意見があったのかもしれない。

通俊とその幕僚と北ドイツ連邦副領事C・ゲルトナーおよびその兄R・ゲルトナー（ゲルトナー農園経営者）との初会合は何の成果も挙げずに終わった(184)。その後「外務省の特別命令」(185)でC・ゲルトナーと直接交渉に当たったのが得能通顕だった(186)。

R・ゲルトナーが投資した金額を得能、岩村定高開拓使権判官（通俊とは別人でその下僚）、通訳福士五郎(187)（成豊《なりとよ》）

らはそれぞれ二万ドル以下、三万ドルほど、二万ドル余りとの推量金額を外務省に報告したが、外務省からは五万ドル以下で決着をつけるように指示してきた。(188)

交渉は北ドイツ連邦 Max von Brandt《マックス フォン ブラント》 代理公使(189)の老獪な戦術に翻弄されていたようだったが、粘り強い忍耐力で得能は、言を左右にしていたR・ゲルトナーから、七万五〇〇〇ドルという数字をとにかく引き出して解決の糸口を握った。

背後には北ドイツ連邦の画策があると考えた得能は(190)、以後の交渉は外務省が直接にブラントと行うべきだとする報告書を提出した。(191) 得能の七万五〇〇〇ドルを手がかりに、開拓使判官岩村通俊らとC・ゲルトナー副領事（R・ゲルトナー実弟）が東京で交渉に入り、最終的には六万一五〇〇ドルのR・ゲルトナーへの補償金で解決をみた。(192)

『ブナの林が語り伝えること』で北海道の農政史家田辺安一は、北ドイツ連邦代理公使ブラントが箱館戦争に乗じて北海道を征服する案を上申し、ビスマルクに拒否されたとする文書がフライブルク軍事文書館にあるとのヨーゼフ・クライナーの指摘を紹介している。(193) このセンセーショナルな話題は、国内的には一九九七年のA・H・バウマンの論文「R・ゲルトナーの日記」にそもそものプライオリティ《先陣権》がありそうだが(194)、近年、ドイツのフライブルクとベルリン、そしてオランダのハーグ文書館所蔵の原史料を用いた箱石大《ひろし》(195)、福岡万里子(196)の努力でほぼその全貌が明らかにされた。

その研究成果によって、会津・庄内両藩の軍事同盟に食い込んだ謎の外国人 Schnell《シュネル》 兄弟（兄 Heinrich《ハインリッヒ》、弟 Dduard《エドゥアルト》）はプロシア人（当時の感覚ではオランダ人と主張しても間違いではないという）(197)で、ハインリッヒは文久三年末から慶応三年末までプロシア領事館員で、エドゥアルトも通訳官だったという。(198) その暗躍を黙認していたブラント代理公使が、北ドイツ連邦宰相オットー・フォン・ビスマルクに日本の一部植民地化を上申して、最終的にはビスマルクが同意していたという歴史的経緯の詳細が日の目を見たのである。しかし奥羽越列藩同盟軍の降伏と榎本軍の敗退によって、日本制覇の夢はあえなく消え去った。

シュネル一族のかなり精密な具体像が浮かび上がったわけだが、今後日本側の裏付け史料が発見されることが期待されよう。親子二代にわたって、犯罪歴もある不良外人の典型のようなハインリッヒ家出身のシュネル兄弟の作為の精査が欠かせないだろう。

明治最初年（慶応四年一月から明治二年六月）の新政府の外交を主導した宗城でも、このことを感知しえた可能性は勿論低いだろうが、宗城は常々プロシア、アメリカ、イタリアの外交団が盟友パークスと天皇政府の望まない行動をとるのには不満を募らせていたに違いない。神戸事件の時、慶応四年二月九日の外交団会議で瀧善三郎の助命に賛成したのはイギリスとオランダで、プロシアとイタリアは極刑を譲らなかったし、[199]同年三月の天皇謁見へのプロシア、イタリア、アメリカの非協力[200]にも宗城は困惑したはずだ。

宗城日記の明治三年四月一三日の記事にある、関西・九州を軍艦で廻る際にはぜひ宇和島にも寄りたいとのブラントの通告は、恐ろしい意味合いを含んでいたことになるのかも知れなかった（補注［二八］参照）。得能を通じてゲルトナー事件を知っていた宗城だったが、ブラントの魂胆まで承知していたかどうかはわからない。

ちょっと後の話だが、ゲルトナー事件は、普仏戦争の勝者がシナ・日本に触手を伸ばすことを心配した木戸孝允《きどたかよし》の感度の良さ[201]が思い起こされる出来事だった。

さて、ゲルトナー事件を最終解決へと導いた得能であるが、明治三年一二月に北海道を去り、[202]四年正月には帰国して、[203]脚気の遁辞のもと二度と中央に出ることはなかった。恭之助は後に亜斯登《あすと》とも自称した。時代に入れられなかった宇和島藩士の一典型として追加しておく。

【解説】注

（1）「渋伝資二」二七九頁。

（2）『明維史』二二五頁（本文ルビは近藤による）。これは一九八九年初版の小学館『大系 日本の歴史』の一二巻『開国と維新』を二〇一八年に文庫化したものである。

（3）「宗城公の慶応三年 その二」「よど 一四号」一六八―一七四頁。

（4）『御日記⑤』（『叢書⑦』）解説二―三（七五―八一頁）。

（5）宗城の文久～慶応期の政治活動を知るのに欠かせない史料。

（6）『御日記⑥』（『叢書⑧』）解説三（一三五―一三六頁）。

（7）『史要』一五二―一五三頁。官員たちは争って『令義解《りようのぎげ》』を手にしたという（『維財談』一三四頁）。

（8）わが国の古代的イメージを復元するのに記紀神話に戻るのは、非学問的であるだけでなく近現代史研究の基礎を危うくしかねない。本論では、山県大弐『柳子新論』岩波文庫、一九四三年、『日本思想体系53 水戸学』岩波書店、一九七三年、吉田俊純『水戸学と明治維新』（歴史ライブラリー150）、吉川弘文館、二〇〇三年などを念頭に置いている。せいぜい遡っても百年ほど前の僧契沖あたりまでとするべきだろう（『日政史』三五〇―二七〇頁）。

（9）Basil Holl Chamberlain が欽定憲法制定を前に起きた宗教とも見まがう天皇神格化の潮流に驚きの眼差しを向けて、伊藤博文の『憲法義解』を痛切に批判している（『日本事物誌1』九〇頁、Gutengerg Etext［「New Religion」のA4プリントの四―五頁、『ネズミ』五三三―六〇四頁］。Etext五四七頁によると初出は明治四四年）。

（10）米英流（『大隈伝①』三七、一一九―一三七頁）の政党内閣制度を指向した大隈重信の憲法構想は、「独日関係の黄金時代」（『広報外交』一九頁）を背景にした一四年政変という乱気流の中で、伊藤博文が推す井上毅《いのうえこわし》のプロシア憲法論に席を譲った。国会開設後も、天皇というダミーを抱いて、薩長藩閥の支配権を確保しようとする厚い壁に遮られたのである。

（11）『史要』一五三頁。

（12）『日国成』六三頁。

（13）『御日記①』（『叢書③』）一〇六頁、『補任』一三二―一三三頁、『明技官』一七頁。

（14）薩摩ロンドン留学を提唱主導した五代才助は慶応四年宗城への書簡で「拙者より申上候處ハ幾重ニも御捨被下」と表面に出るのを避けている（「歴う 31号」）。薩藩ロンドン留学組は長州勢とは違って、帰国後には保守派の目を憚っているのである。宗城と関係が深かった五代も中井弘《ひろむ》も官界で驥足をのばすことはなかった。
(15)『宗城伝』一六八―一九九頁。
(16) 概略は『Kondo』。
(17) 宇和島藩はパークスとの交流が招きうる幕府との摩擦を極力避けたいと配慮していた。慶応二年末、キング提督の年賀状を携えてアーネスト・サトウが宇和島を訪問した際にも(『外交官』二一七―二二五頁)、英艦の訪問には幕府の承認を得てほしいとアレキとサトウに連絡している(「付録一」参照)。
(18) パークスとの交流についての着想は私どもが最初ではない。大正三年に末広鉄腸の高弟村松恒一郎が、パークス訪問が宗城の外務卿としての活躍の土台となったと指摘している(『鶴鳴』九二頁)。
(19) 明治二年一一月の大隈の渋沢説得関連記事は『渋伝資二』二三六―二四一、二四四―二四六頁。
(20)「改正局」と書かれることもある(『鴻爪痕②』一六頁)。公式には「改正掛」だけで「局」はなかったようだが、掛の人々が「改正局」と慣用していたとも推測される。ちなみに前島密は後年の帝国郵便の種子は改正掛で芽を出したと述懐している(同右書、一七頁)。
(21)「渋伝資二」二一三頁。
(22) 境界の決定。
(23) 商売人。
(24)「渋伝資二」二一三頁。渋沢の商業立国への情熱はまず国立第一銀行創設に現れるが、宗城は華族長老として総力を挙げて応援している(その一例として「付録注15」参照)。
(25) 例えば『明維史』二二五頁。
(26)『雨夜譚』一七二頁。同書で渋沢は豪農出の幕臣郷純造が、渋沢を宗城へ推挙したと仄《ほの》めかしているが、宗城は慶喜の雇い侍時代の渋沢についても知っていた。郷は鎮城府時代からの「東京官員録」(「官員録①」一一丁)に貨幣司の與頭、翌二年会計官権判事(「官員録②-1」一丁、「官員録②-4」一八丁では伊藤俊介と共に)、二年五月出納司知司事(「官員録②-3」二四丁)、二年九月以降は大蔵少丞(「官員録②-5」三八丁)と見えている。
(27)「渋伝資二」二一三頁。
(28)『在京日記』を含めて、宗城の日記には徳川慶喜の弟昭武の名が頻回に出てくる。宗城は洋行した昭武を新政府に採用したい意向を持っていたのではないだろうか。
(29)『寺宗資上』九〇頁。フリュリ・エラールは『御日記①』(『叢書③』)四七頁では慶応四年一月に馘首。
(30) 宗城はいわゆる性急《せっかち》だったという証言がある(『鶴鳴下』九丁)。
(31) もっともこれは民部省内での辞令で、正式な太政官からの令達はその年の歳末だった(『雨夜譚』一七五頁)。

(32)「渋伝資二」二一三頁
(33)同右書二三六―二三八、二四〇頁。
(34)同右書二四五頁。
(35)「大分いろ〳〵の人を引張り込んだ、学者技術家とか云ふやうに、種々な人も集まった。其處で新制度を編出すと云ふ場所であった」と栄一の上司井上馨は改正掛を説明している（『維財談』二三六頁）。旧幕から遠慮なくテクノクラートを集めたので、薩摩勢の忌むところとなった。
(36)「渋伝資二」二七六―二七九、二八一頁。
(37)前島は改正掛については「会議」を「廻議」と書いている。改正掛の議論の仕方の一面を捉えた表現のようだ（『鴻爪痕②』四、一六―一七頁）。表題が『鴻爪痕』の著書は二冊あり、発行者前島弥の本を『鴻爪痕①』、市島憲吉発行のものを『鴻爪痕②』とした。数字は発行順。
(38)「渋伝資二」二八一頁。
(39)同右書同頁。
(40)これがCodes Napoleoniens（ナポレオン五法）（『世百典』一七頁）を指すのか、Code Napoleon（民法典）を指すのか不明であるが、安岡昭男の『副島種臣』に訳者の箕作麟祥《みつくりりんしょう》がdroit civil（民法）を民権と訳して問題となったというから（五二頁）、後者であろうか（刑法典だったという異論もあるようだが）。同上書では箕作に翻訳を命令したのは副島だったという（五二―五三頁）。副島と大隈はフルベッキにアメリカ憲法とキリスト教を学んでいる（『大隈伝①』三七―三八頁）。
(41)「渋伝資二」二一三頁。
(42)日記からはナポレオン法典の飜訳や天皇種痘が考えられる。
(43)本日記三〇、六三頁。
(44)明治元年二月三日から明治二〇年七月二三日までの人事、省の機構、省務のおおまかな経時的記録。大蔵省記録局、明治二三年六月刊。
(45)「渋伝資二」二八一頁。
(46)厳密には、大久保利通は明治四年六月二七日大蔵卿に就任し、伊達宗城は日清修好条規締結のあとの明治四年九月二七日大蔵卿を罷免された（『百官二』四六四頁）。
(47)西郷については注113、宗城については注114参照。
(48)『維財談』二四六―二四七頁。安場は熊本藩、谷は彦根藩の大久保系官僚。
(49)同右書二三三―二五四頁。
(50)同右書一八四―一九三頁。
(51)同右書二〇八―二七四頁。
(52)渋沢は慶喜への恩義もあって任官にあまり乗り気ではなかったが、大隈の口説き落としにかかった（「渋伝資二」二一一頁）。
(53)『大隈伝③』三七四頁。

(54)『大隈伝④』四八五頁。
(55)『百官一』四〇頁。
(56)佐々木克(「民蔵分離①」三〇頁上段)も、松尾正人(「民蔵分離②」四七頁)も八月一一日に民部・大蔵両省が合併されたとしている。
(57)『百官一』四〇頁。
(58)『木孝日』二四四頁。
(59)『伊藤伝上』四六九―四七〇頁。もっとも大隈・伊藤の蓮袂辞職説は、管見ではその他の文献には見ないので、『伊藤伝』だけの主張の可能性もあり、政府を脅したというよりも、木戸にハッパをかけただけだったのかも知れない。
(60)『伊藤伝上』四六七―四七四頁(『大重関一』一一五―一一七頁にも採録)の七月二五日付伊藤宛木戸書翰には「漸両三日前に至り(二五日の「両三日前」なら丁度二二日頃―近藤注)、(中略)大隈氏に両局(民と蔵―近藤注)相兼させ候位の處に片附き」とあるから、伊藤の連袂辞職騒動の頃には、すでに木戸は内々ながらちょっと歯切れが悪いとしても、勝利宣言をしていたと見てよい。木戸がどのような手を打ったのか、逆転劇の真相は考究の要があろう。
(61)『史要』一五九頁。
(62)卑見では、地方官と大久保などの攻撃の大合唱の中にあった大隈の首が大蔵に繋がったのは、旧外務首脳(伊達・大隈・伊藤トリオ)が手をつけた貨幣制度の抜本的近代化と鉄道・電信の敷設を太政官が評価せざるをえなかったためと見ている。
(63)「民蔵分離①」三八頁。
(64)政治家も輩出したらしい(『広報外交』三二頁)。
(65)ドイツ語読みではジーボルトだが慣用に従う。
(66)『広報外交』九頁。アレックスの経歴は『広報外交』附録「アレクサンダー・フォン・シーボルト略歴」附録一〇―一二頁、「アレクサンダー・フォン・シーボルトの雇用形態」附録三〇―三二頁にある。
(67)『広報外交』附録表1「アレクサンダー・フォン・シーボルトの雇用形態」。彼の仕事・作業から見ると、これにヨーロッパでの私的な作業が加わる。
(68)正確な図書情報は本書「引用文献略記一覧」の(コ)『広報外交』を参照。
(69)堅田は『広報外交』七二頁で、「正直に言って、もうこれ以上は書きたくない」というパークスのシーボルトへの怒りなるものを記載しているが、「I dont like to write much lest note should go astray」の一行は「勧告が散漫にならないようにもう贅言は慎む」というほどの意味であろう。英国から日本へ移籍するアレックスを心配するパークスは、アレックスの身分に手抜かりがないようにしつこく忠告しているのである。それは彼の友情から出ているもので、そのことは編集・解説の Vera Schmidt《ヴェラ シュミット》 も「ermahnen《勧告する》」と表現して解説している（4.0046『Acta IX』二二七―二二八頁）。

（70）フィリップ・フランツと丸山遊女其扇《そのぎ》（実名たき）との間に長崎の出島でできた女。伊篤《いとく》、伊禰《いね》。長崎、宇和島、東京などで医院を開業。東京では産科に特化していたようだが、長崎・宇和島ではそれ以外の病気にも対応しなければならず、眼科が好評だったらしい（宇神幸男氏の教示）。宇和島では他藩からの弟子もとって蘭医学を教授。宗城との関係は終生続き、おいねの長崎診療所は宇和島藩の長崎出張所の観を呈していた（『遠い崖 4』九六―九七頁、『イネ』一四〇―一四一頁）。

（71）天保一〇年伊予大洲の上流商家麓屋半兵衛と二宮敬作の妹くらとの間に出生。安政元年、国学の師常磐井厳戈《ときわいいかしほこ》（仲衛）から伯父敬作に師事することを勧められ蘭学を学ぶ。同三年三月、敬作、いねらと長崎へ行き、川島再助に師事。安政六年七月再来日したフィリップ・シーボルトに入門し、アレックスの日本語教育のために日本文典（文典は文法）をオランダ語に翻訳（『諸淵』一四一頁）。文久元年、フィリップ、アレックスに同行して江戸に行くが、一〇月フィリップの計画は破綻し、諸淵は幕命で大洲藩邸に幽閉され、翌文久二年四月には佃島入獄、重労働の辛苦から病気に苦しむ。慶応元年八月、宗城の働きかけが効を奏してか、四年ぶりに釈放が叶った（『イネ』一三二―一三三、一五一頁）。諸淵は、赤羽（根）接遇所で「日本国民の文化的発達」と「幕府建設史」をオランダ語で書き、幽閉、入獄中にはオランダ眼科書と英国文典を翻訳したという（『諸淵』一四一頁）。慶応元年末、洋学者として大洲藩から宇和島藩への移籍が行われ（『イネ』一五一―一五二頁）、翌二年二月松根圖書の媒酌で諸淵とお高の婚儀が執り行われた（『イネ』一五三頁）。

（72）安政二年、フィリップ・シーボルトの忠実な家僕かつ医学・博物学の弟子だった敬作に、宗城はお目見《めみえ》・お徒《かち》格として強力米《ごうりきまい》年五俵を与えた（『宇医史』一五〇頁）。

（73）逸二は適塾に学び、高野長英が去った後の宇和島に来た村田蔵六（後の大村益次郎）にも師事した（宇和島時代の蔵六については『宗城伝』の三二一―三二五頁の補注一三八参照）。

（74）おいねとその親族については『イネ』に詳しい。

（75）『ジ最日』四九―五〇、七九―八〇、八二頁。『広報外交』三七―三八頁。

（76）「引用文献略記」では『ジ最日』。この本は、"Ost-Asien"に掲載された「古き日本への回想」の一部を翻訳したもの（『シ父伝』二一九―二二〇頁）。堅田によると「古き日本への回想」には一部と二部があり、一部が『ジ最日』にあたり、二部は堅田による初訳が『鳴滝紀要』の第二八—二九巻にあるという（『広報外交』八五—八六頁）。

(77)『シ父伝』二一七—二二三頁。そのほとんどはベルリンの玉井喜作が発刊していた"Ost-Asien"に掲載された。

(78)『広報外交』「附録」三七—四四頁にアレックスによる論説と記事その他の一覧表があり、とても便利になった。

(79)アレックス関係者の中には、名をアルファベットの最初の一文字で表し、姓をカタカナで表記すると「E・クラーク」となる二人の同名別人がいる。一人はE・モレルの師匠・土木技師のEdwin Clerk《エドウィン クラーク》で、一人がFirma《フィルマ》 Dent《デント》商会横浜支店VertreterのEdward Clarke《エドワード クラーク》である（『Acta Ⅸ』九五—九六頁）。アレックスの英公使館就職と関係のあるE・クラークは後者のクラークである。彼の役職名Vertreterには代表者と代理人の両義があるが、的確な日本語訳がわからない（『ジャ・マ』一四八—一四九頁では「デント商会横浜支店のクラーク」および「デント商会横浜支店担当のクラーク」、『ジ最日』一五九頁では「大デント商会代表者」、『広報外交』四五頁では「デント商会代表」）。『ジ最日』一五九頁でアレックスがエドワードをイギリス貴族としているが、『Acta Ⅸ』九七頁の母への手紙によると爵位はFreiherr（男爵）であるから、「代表」でよさそうである。

(80)『イネ』一二四頁、「アレキ」一二五—一二六頁。『シ父伝』一七六頁。

(81)アレックスとアーネスト・サトウの役職・給与比較表『広報外交』五六頁、『シ父伝』一七六頁。

(82)『シ父伝』一七六頁。この部分は、母へレーネへのアレックス書簡（『Acta Ⅸ』九六—九七頁）と同趣旨の"Ost-Asien"に掲載された「古き日本への回想（第二部）英国旗のもとに一八六二年—一八七〇」（『シ父伝』二二一—二二三頁）からの引用のようである。

(83)『Acta Ⅸ』九六—九七頁。

(84)いわゆる「シーボルト二世」（『広報外交』四六頁）。「シーボルト二世」として最も輝いたのが、昭武使節随行のときのナポレオン三世への謁見だったようだ（『外交談』四八四—四八五頁）。

(85)アレックス宛書簡（『Acta Ⅸ』九八頁）でオールコックは、アレックスが①幕府高級役人と親密な関係を築いて交渉に多大な貢献をしたこと、②日本人一般からも最大に価値のある情報を引き出したことに特別な謝意を表している。彼はアレックスの能力を極めて高く評価していた。

(86)父フィリップが住宅、診療、研究兼用に使用していた山荘。

(87)『Fox』一五二頁。

(88)このときがアレックスと圖書の初対面だったかもしれない。

（89）『Fox』一五二頁注4。
（90）『Kondo』三–八頁（英文）、二–六頁（和文）。
（91）『Acta Ⅸ』一〇〇–一〇一頁。
（92）『広報外交』六三頁。
（93）ここまでは『Acta Ⅸ』一〇〇–一〇一頁記事に依拠した仮説。
（94）『ロセス』四二五–四二六頁。
（95）同右書四二六頁。
（96）同右書同頁のパークス宛幕府老中書簡。
（97）同右書四二七頁の幕府宛パークス書簡。
（98）『明史典②』八四三頁。『外交談』四七一頁。
（99）『外交談』四八四–四八五頁。
（100）同右書四八五頁。
（101）『父子伝』一八五頁。
（102）同右書一八六頁。
（103）同右書一八五–一八八頁。
（104）「早稲田大学古典籍総合DB　大隈重信関係資料」イ14 A4465。この明治三年七月五日付伊達民部卿と大隈民部大輔のアレックスとの約定書によると、アレックスの日本政府での主務は工部院にあったが（つまり彼に期待されていたのは日本工業化のためのヨーロッパとの橋渡しだった）、右院その他の勤務も義務づけていて、その期間は五年間、年俸六千ドル五年間で三万ドルとその利子を保証している。
（105）アレックスの主務は、上野景範《かげのり》使節団の目的であるレイ契約破棄、オリエンタルバンクによる鉄道借款と建設業務、紙幣の印刷などの補佐役兼通訳、それに宗城への報告義務だったと考えられる。
（106）「寺島宗則自叙年譜」『寺宗資下』五二頁。
（107）二年一一月に寺島大輔の外務省から鉄道敷設促進建議が出ているが、これは日本の民間資本による鉄道敷設の建議で、国家予算に負担をかけない配慮があった。そうすれば薩摩藩の鉄道反対派を説得しやすいという伊達民部大蔵卿への意見書のようにみえる。
（108）付録三ノ二と三書翰。
（109）上野景範、家職は薩摩藩唐人通詞。寺島宗則に目をかけられ、灯台、ハワイ移民救済、紙幣印刷、レイ公債解消、東京横浜間鉄道建設に関わる。明治三年六月大蔵大丞、特例弁務使として「英國オリエンタル為替會社へ全權ヲ與ヘ同國ホラーショネルソンレー氏ト取結ヒシ借財ノ条約不當之所爲糺正セシムルニ付若彼國ニ於テ同會社難決事件有之候ハ便宜專断之特權御委任被仰付候事」（『寺宗資下』二〇三–二一三頁）としてアレックスを秘書兼通訳として同伴。
（110）宇和島史料として宇和島と五代の交流が確認できるのは元治元年末以降で（『松関文』一二六–一五二頁）、新政府の知事・卿に就く前の宗城と五代・寺島・アレックスらとの交渉は松根圖書を通して行われた。

(111)『在京』六六二、六八二―六八三頁。

(112)薩英戦争から武州潜伏、さらに長崎帰還から欧米留学までの五代と寺島の行動様式が両者の性格の差を如実に表している（『新五代』一一一―一三三頁）。

(113)明治四年西郷吉之助建白書には「一蒸氣仕掛の大業《おおわざ》鐵道作《てつどうつくり》の類一切廢止し根本を固くし兵勢を充實する道を勤むへし。一郡縣封建の制猶又《なおまた》議論すべし方今現事の形勢を観るに郡縣の制ハ長く行れがたからん其弊害も枚擧すべからざるに至らん衆賢熟議之上餘ニハ其制を改むへし」（傍点近藤）など、封建礼賛の旧藩制追慕の言葉が並んでいる（『大隈文一』三―七頁）。

(114)本日記三年七月二三日アレックスに与えた訓示。

(115)『明留生』五〇―五二頁。

(116)同右書六一―六四頁、同書二六二頁の「注4」。

(117)『明国環』四三五―四三九頁。『Cort』p3、『お雇い①』一九―二〇頁。草稿として遺されていたブラントンの伝記は、翻訳編集者によって微妙な差がある。本書で参照したのは『Cort』と『お雇い①』の二つである。内容に大きな差異はないが、後者はより詳細であるが小さな誤謬が気になる。

(118)『大外文二ノ三』二六九―二七四頁。

(119)『日鉄史』三六―三八頁。

(120)明治二年の『大外文』にはアメリカ公使館との間で、一〇回をこえる鉄道交渉文書が交換されている。『日鉄草』九―二二頁には米国弁理公使デ・ロングと日本政府との火花の散るような外交交渉が活写されている。

(121)英国エンジニアの中心人物として、慶応四年六月二〇日にブラントンは助手Blundel《ブランデル》とMacVean《マックヴィーン》とともに横浜着（『Cort』三頁、『お雇い①』二八頁）。パークスの手回しの良いことに注目すべきだ。

(122)この人の名は宗城日記には登場しないし、名刺も確認できていないが、英国政府が送りこんできた日本市場席巻の尖兵で、宗城とまったく接触がなかったとは考えがたい。

(123)『大外文二ノ一』五七六―五八四頁。

(124)林田治男も『日鉄草』二〇三―二〇五頁で同様の見解を述べている。

(125)『大外文二ノ三』二七一―二七二頁。

(126)『モレル』三二六―三三七頁。この書簡でレイはモレルの鉄道技師としての未経験を痛切に批判したが、それが杞憂であったことはモレルの実績が示した（後述）。

(127)同右書一四〇―一四二頁。

(128)林田は『モレル』二〇四頁で、モレルのラブアン時代（慶応元年末から四年中頃、同右書「関係地図」）の情報がラブアン総督を介してパークスに伝わったとみている。モレルは一八五八年五月からＥ《エドウィン》・クラークに三年半師事し(同右書六二頁)、その後ラブアンで鉄道建設に従事しているから、お師匠クラークとモレルの間に継続的に接触があれば(実際に南豪アデレードで接触があった)、このルートの方が可能性が高いと思われる。

(129) 同右書六三—六九頁。

(130) 同右書一五一—一五四頁。

(131) 当初から結核死とされていたようだが(『お雇い④』一五二—一五四頁)、林田は詳細な検討の末彼の病氣が肺結核だったとし、妻ハリエットの死因については断定を避けている(『モレル』二三八—二四八頁)。私は新婚の夫からの初感染が死因となった可能性が高いと思っている。『お雇い④』一二五頁でモレルが「セイロン島の鉄道建設を完了して来日」としているのは明白な誤りである。

(132) 『モレル』二二八—二三一、二四一—二四三、二四七、三三一—三三三頁。

(133) 原田勝正もモレルの能力と真摯な意向を高く買っている(『鉄近化』四八—四九頁)。

(134) 『モレル』一六二—一六四頁。

(135) 『お雇い④』一一二—一一八頁、『工部省』二一—二四頁。

(136) 『明政鉄』一八三—二九四、三五九—三九七頁。『明前国』九一—一三九頁。『日鉄草』二三—二〇、二九〇—三一四頁。『モレル』(本書では外債問題はなく、主としてレイとモレルの関係性について述べている)一五七—一六六頁。

(137) 『百官 一』四四五頁。

(138) 「表4-2」『日鉄草』一五七頁。

(139) 同右書同頁。William《ウイリアム》 Walter《ウォルター》 Cargill《カーギル》は後に日本の鉄道差配役に就任。

(140) 『Fox』五五四頁。アレックスも宗城宛書簡(「附録」所載)で同様な疑問を呈している。日本政府は金に糸目をつけず、解決を急いだのだろう。

(141) 『遠い崖3』七一—一七〇頁。

(142) 『パ伝』xi頁。

(143) 『日鉄草』二一八頁

(144) 『復古二』三二九頁、『百官二』三七四頁。

(145) 宗城は慶応四年正月五日軍事参謀の辞令を受けたが(『復古一』四三二頁、『在京』六二九頁では四日午後五時頃)、七日には辞職(『復古一』四六〇頁)。その際に林玖十郎を後任に推薦したのかも知れないが文献証拠はない。

(146) 『戊辰役戦史』の著者大山柏の記述(『戊役史上』一五二頁)。

(147) 『百官二』三七四頁、『補任』一八七頁。発板月日は不明だが、NDLDCの明治元年須原屋茂兵衛板『東京官員録 全』では大総督府下参謀は西郷隆盛と大村益次郎となっていて、玖十郎は一三人いる下参謀補助役の一人として一二人目に登録されている。玖十郎の後席を襲ったのは五月七日に軍務官判事に就任した（『補任』一四三頁）大村益次郎である。

(148) 公家（名家）。前光に宗城二女初姫が嫁いだ。

(149)『百官二』三七四頁、『復古一〇』八六―八七、九六頁。『補任』一八七頁では参謀に「五月二日任 同五月十九日免（軍監へ転）」とある。同上書一八八頁には東山道先鋒参謀の名簿があるが、それに林通顕の名はない。林の柳原軍軍監就任は宗城の手回しによる人事だったと推測される。玖十郎の苦衷を心配する宗城書簡が知られている（『得能』一四七―一四八頁）。

(150)『補任』一八七頁下段。

(151)『百官二』三七五頁

(152)『両藩史』一〇二四頁。宇和島帰藩はもっと後にずれている可能性もある（『得能』一六〇頁）。

(153)『戊戦史』一三―一四頁。

(154) 大山巌《いわお》の息（『日研辞』七三頁）。

(155)『戊役史上』一四八―一四九頁。

(156) 大山はこの時の西郷を「無任命の先遣兵団長」と表現している（『戊役史 上』一四九頁）。西郷の戦略を玖十郎は正確に知ることはなかったであろうから、心労も多かったのであろう。

(157) 同右書一五二頁。

(158) 同右書一八二頁。

(159) この日は大総督有栖川宮熾仁親王の進発当日だった（『復古二』三六四―三六八頁）。

(160)『復古一二』一九二頁。

(161) 公家は総督、上の参謀に任じて藩士層は下の参謀。西郷も下参謀。

(162)『戊役史上』一七七頁。

(163) 慶喜に対する寛典論が「別秘事」の一項目として初めて大総督府軍議に挙がるのは三月一五日である（『江戸城』二九八―三〇〇頁）。

(164) 同右書二九八―二九九頁、「海舟」三九頁。熾仁親王軍が先鋒隊と合流するのは駿府で、遅くとも三月九日の西郷・山岡鉄太郎駿府会談までであり、林玖十郎の西園寺雪江宛三月一一日付書簡（「付録二ノ三」、乙記録九二）でも、山岡は「一昨日午頃」つまり九日に駿府で西郷との会談を果たしている。

(165)『戊戦』七三―七四頁。

(166)『戊役史上』五一五頁。

(167) 注150参照。

(168)『百官二』三七五頁。

(169)「海舟」二二―二三頁。

(170)『大西郷全集二』三〇〇―三〇二頁。

(171)『両藩史』一〇二四頁。「得能」一六一―一六七、一七三―一七六、一八四―一九二頁。
(172)『東世日《ヒガシクゼニッキ》』四頁。
(173)先の柳原先鋒総督軍監（参謀）といい、この開拓使権判官というのも、宗城の働きかけがあったからこその人事だったと筆者は考えている。木下博民論文（「得能」）は地域史の観点から書かれた最初の本格的論文で、ゲルトナー事件に関しては主に『東久世日記』に依拠している。ちなみに、北海道大学付属図書館には明治二年作成の千島列島地図が収蔵されていて、宗城・鍋島直正・東久世通禧トリオの揮毫に松浦武四郎が解説を載せている。
(174)七重村開拓事件に関わったGaertner《ゲルトナー》三兄弟の名は上からPhillip《フィリップ》 E.《E》 Reinhold《ラインホルト》、Eduard《エドゥアルト》 Conrad《コンラート》、そしてOtto《オットー》である。フィリップ・E・ラインホルトは実際に農園を経営し、エドゥアルトは箱館副領事として、プロシア代理公使マックス・フォン・ブラントの意を受けて兄フィリップを扶け、オットーは農作業に当たったようだ。
(175)後に新政府に雇用されて杉浦誠開拓使権判官として再登場。杉浦の写真は『史料学①』口絵「写真にみる戊辰戦争前夜の箱館・松前」にある。
(176)『ガルト』四二―五二頁。
(177)『ガルト』八六―八七頁。
(178)『戊役史下』六九五頁。
(179)『ガルト』一一、三七頁。
(180)南貞介《みなみさだすけ》は高杉晋作のいとこととした（『御日記⑥』（『叢書⑧』）二三頁注3）が正確には不明。
(181)『ガルト』一五二、一六二、一六六頁。
(182)同右書一七三頁。
(183)元治元年前後の宇和島藩の政情を岩村左内（通俊）が探索した記録「岩村左内予州探索」を見ると、左内が宇和島領の里正（庄屋）・藩士・僧侶・医師など広汎な層と知己であったことがわかる（「岩通俊」二〇五―二一三頁）。
(184)会議は二年一一月に開催（『ガルト』一七〇頁）。
(185)『ガルト』一七八頁。沢外務卿の意向には民部・大蔵卿宗城の意見が反映していた可能性が否定できない。
(186)同右書一七〇―一七六、一七八頁。
(187)同右書一七四頁。（『御日記⑥』（『叢書⑧』）一一一頁の補注7も参照）。
(188)同右書一七三―一七五頁。
(189)『明史典③』三四〇頁。フォン・ブラントの回想録『黎明日本』二六三―二六四頁では、有望なゲルトナー農園を、アメリカ領事プライスが最恵国条項を盾に日本政府に同様な権益を主張したために、日本が「怖気《おじけ》立って」取り返し、ゲルトナー農園を放棄しなければならなくなったとしている。

(190) R・ゲルトナーは得能との交渉の中で自分の事業は「プロシア国王にもわが国の駐日公使にも届けてある（『ガルト』一七八頁）」と主張し、再三ブラント公使の名を出している（同上書一八〇―一八一頁）。

(191) 『ガルト』一八四―一八五頁。

(192) 同右書二三二頁。

(193) 同右書二三九―二四〇頁。

(194) 同右書二六五頁。

(195) 箱石大「戊辰戦争に関する新たな史料の発見」（『史料学①』三七―五九頁）。

(196) 福岡万里子「戊辰戦争に関与したシュネル兄弟の［国籍］問題」（『史料学①』一〇七―一四〇頁）、同「ドイツ公使から見た戊辰戦争」（『新視点』六一―八一頁）。

(197) 『史料学①』一三二頁。

(198) 『新視点』六六頁。

(199) 『御日記①』（『叢書③』）三九、四二頁、「歴う31号」六頁。

(200) 同右書五八―五九頁。

(201) 『木孝文 四』九五―九六頁。

(202) 『両藩史』一〇二五頁。

(203) 同右書、同頁。

引用文献略記一覧（『宇和島伊達家叢書⑨』）

伊達家文書

乙記録83：都築荘蔵報告書「土藩建言書并幕府形勢一〇月一五日迠次第書一通」。
乙記録103：乙記録百〇三號 明治二己巳年正月ヨリ明治三庚午年正月ニ至ル日記。
乙25公文：公文乙二五號 一通「職制変革ニ付建言 明治二年六月廿六日」。
乙記録九二：「参謀林玖十郎より西園寺雪江へ戦況報告書 明治元年三月十一日」。
乙記録九三ノ一：慶応四年閏四月二一、二五、二八、二九日。
箱戊 11-20-03-01-01：「徳川慶喜御追討ニ付御沙汰」。
「**藍公記**」：「藍山公記」。
「**龍公紀**」：「龍山公紀」。
書簡類 一八：稿本「御書翰類 十八巻」。
「**宗城公関係書類 二**」。
『**鶴鳴**』：『鶴鳴余韻 下』伊達家記編輯所、大正三年。
『**宗城伝**』：兵頭賢一『伊達宗城公傳』。
『**由緒書 下**』：宇和島藩庁・伊達家史料 六『家中由緒書 下』近代史文庫宇和島研究会、一九八〇年。
「**白沙人**」：雑記録31番53の24。
「**水師総督へ口上**」：「宗城公関係書類 二」四ー五丁。
宗城直書113：甲宗城公御直書一一三號「水師總督へ年始ノ口上」。
丙書翰二三號：「明治三年六月一二日 清國暴徒佛人殺害候事」。
「**御子様**」：「宗城公宗徳公」御子様方御事歴。

「宇戊戦史」：近藤俊文編「宇和島戊辰戦争史料」。

一般文献

（ア）**『雨夜譚《あまよがたり》』**：長幸男校注『渋沢栄一自伝 雨夜譚』岩波文庫、一九八四年。**「アレキ」**：今宮新「アレキサンダー・フォン・シーボルト」史学一五巻、四号、三田史学会、一九三七年。

（イ）**『維財談』**：澤田章編『世外侯事歴 維新財政談』私版、一九二一年、マツノ書店復刻版、二〇一五年。**「維史紹」**：二〇一五年度 明治維新史学会 第45回大会、史料紹介「慶応三年 伊達家文書 三十一編の飜刻文#1－#31」。**『伊藤伝上中下』**：『伊藤博文傳 上中下』春畝公追頌會、上一九四〇年、中一九四〇年、下一九四四年。**『イネ』**：宇神幸男『幕末の女医楠本イネ』現代書房、二〇一八年。**「井上」**：井上潤「澁沢栄一から見る[幕臣たちの文明開化]」郵便博物館研究紀要第10号、二〇一九年。**『岩手史』**：『岩手県史 第6巻 近代編1』岩手県、一九六二年。**「岩通俊」**：「岩村左内の宇和島藩探索」よど六号、二〇〇五年。

（ウ）**『宇医史』**：清水英『宇和島藩医学史』宇和島市医師会、一九九八年。**「宇戊戦」**：「宇和島藩の戊辰戦争」「歴史のうわじま」十周年記念号、二〇二〇年。

（エ）**「江戸城」**：原口清「江戸城明け渡しの一考察」『原口清著作集3』岩田書店、二〇〇八年。**「沿革図」**：「弘化三年御府内往還其外沿革図書」「東京都港区近代沿革図集（高輪・白金・港南）」港区立三田図書館、一九七一年。

（オ）**『大隈伝①』**：真辺将之『大隈重信 民意と統治の相克』中央公論新社、二〇一七年。**『大隈伝④』**：早稲田大学編『大隈重信自叙伝』岩波文庫、二〇一八年。**『大隈伝②③』**：伊藤雅之『大隈重信 上下』中公文庫、二〇一九年。**『大隈文 一、二』**：『大隈文書 一、二』早稲田大学社会科学研究所、一九五八年－一九五九年。**『大重関 一』**：『大隈重信関係文書 一』東京大学出版会、一九三四年。**『大利関一』**：『大久保利通関係文書 一』吉川弘文館、一九六五年。**『大利文 三』**：『大久保利通文書 三』侯爵大久保家蔵版、マツノ書店復刻、二〇〇五年。**「大森」**：「大森文庫からみた華岡流医術とその地方伝搬」島根大学、二〇一九年。**「落ち穂 一九」**：「落ち穂拾い 一九」「よど二〇号」二八－五五頁、二〇一九年。**『お雇い』**：梅

渓昇『お雇い外国人―明治維新の脇役たち―』講談社学術文庫、二〇〇七年。『**お雇い①**』：R・H・ブラントン、徳力真太郎訳『お雇い外人の見た近代日本』講談社学術文庫、一九八六年。『**お雇い②**』：吉田光邦『お雇い外国人2産業』鹿島研究所出版会、一九六八年。『**お雇い④**』：山田直匡『お雇い外国人4交通』鹿島研究所出版会、一九六八年。『**お雇い⑮**』：村松貞次郎『お雇い外国人15 建築・土木』鹿島研究所出版会、一九七六年。

（カ）『**外交官**』：アーネスト・サトウ、坂田精一訳『一外交官の見た明治維新 上』岩波書店、一九六〇年。「**海公纂**」：「二年海軍公文類纂并拾遺抄録 全」国立公文書館。『**外交談**』：田邊太一『幕末外交談』東京大学出版会、一九七六年。「**海舟**」：和田勤「勝海舟史料からみた［江戸無血開城］」岩下哲典編『江戸無血開城の史料学』吉川弘文館、二〇二二年。「**開城年表**」：和田勤「［江戸無血開城］年表」同右岩下編書。『**臥牛**』：加藤省一郎『臥牛 菅實秀』致道博物館、一九五九年。『**鶴余韻 下**』：『鶴鳴余韻 下巻』伊達家家記編輯所、一九一四年。『**貨幣**』：『日本小百科 貨幣』東京堂出版、一九九九年。『**貨幣条**』：『貨幣条例 新貨條例改正 全』泉屋市兵衛、一八七一年。『**ガルト**』：田辺安一『ブナの林が語り伝えること―プロシア人R・ガルトネル七重村開墾顛末記―』北海道出版企画センター、二〇一〇年。「**官員録①**」：「東京官員録全」NDLDC、一八六八年。「**官員録②―1**」：「会計官職員」WULA、一八六九年。「**官員録②―2**」：「冬己巳職員令」NAJDA、一八六九年。「**官員録②―3**」：「官員録 五月改全」NAJDA、一八六九年。「**官員録②―4**」：「官員録 全」NDLDC、一八六九年。「**官員録②―5**」：「職員録 明治二年」WULA、一八六九年。「**官員録③**」：「明治三年官板官員録」NDLDC、一八七〇年。『**官職解**』：和田英松『新訂官職要解』講談社学術文庫、一九八三年。『**閑叟傳**』：中野禮四郎編『鍋島閑叟公傳』侯爵鍋島家編纂所、一九二〇年―一九二一年。

（キ）『**木孝日**』：『木戸孝允日記 一』日本史籍協会編、二〇一五年再版。『**木孝文**』：『木戸孝允文書 四』東京大学出版会、一九三〇年。『**奇兵隊**』：一坂太郎『長州奇兵隊』中公新書、二〇〇二年。「**旧洋茶**」：樋口雄彦「旧幕臣洋学系知識人の茶園開拓」国立歴史民俗博物館研究報告 vol.108，二〇〇三年。「**清行墓表**」：「中村家累世墓表」『豊橋市史 別巻』三〇八―三〇九頁。『**近医先**』：山内一也『近代医学の先駆者―ハンターとジェンナー―』岩波書店、二〇一五年。「**金銀品位**」：西脇康「江戸幕府金銀貨の化学分析について」計量史研究、二七―一―一二頁、二〇〇五年。「**近治士**」：樋口雄彦「近世・近代移行期の治水行政と土木官僚」国立歴史民俗博物館研究報告vol.203, 二〇一六年。

（ク）『**黒長溥**』：柳猛直『悲劇の藩主黒田長溥』海鳥社、一九八九年。

（ケ）『**経労明**』：西成田豊『経営と労働の明治維新』吉川弘文館、二〇〇四年。

（コ）「**功臣賞典**」：「復古功臣賞典表」『明治史要 附表』所収「明治十九年補正明治史要附録表」東京大学資料編纂所、東京大学出版会、一九三三年。『**鴻爪痕①**』：『鴻爪痕』発行者前島弥、一九二〇年。『**鴻爪痕②**』：『鴻爪痕 前島男爵略歴郵便創業談』編輯発行市島憲吉、一九二二年。『**工部省**』：柏原宏紀『工部省の研究』慶応義塾大学出版会、二〇〇九年。「**神戸事件**」：「伊達宗城の明治新政府への登場―神戸事件をめぐって―」「歴史のうわじま」31号、二〇一六年。『**広報外交**』：堅田智子『アレクサンダー・フォン・シーボルトと明治日本の広報外交』思文閣出版、二〇二三年。『**国大典**』：『国史大事典』吉川弘文館。『**小松帯**』：高村直助『小松帯刀』吉川弘文館、二〇一二年。「**五万石騒**」：「小島家五万石騒動関係文書」高崎市HP、二〇二三年。

（サ）『**在京**』：「慶應二丙寅九月七日上京勅愈《ママ》ヨリ手留」『伊達宗城在京日記』日本史籍協會叢書139、東京大学出版会、一九七二年復刻。『**嵯実日**』：『嵯峨實愛日記 三』日本史籍協會叢書114、東京大学出版会、一九七二年。『**薩英留①**』：犬塚孝明『薩摩藩英国留学生』中公新書、一九七四年。『**薩英留②**』：犬塚孝明『密航留学生たちの明治維新』日本放送協会、二〇〇一年。

（シ）『**ジ最日**』：A・ジーボルト、斎藤信訳『ジーボルト最後の日本旅行』東洋文庫、一九八一年。『**志と官**』：佐々木克『志士と官僚』講談社学術文庫、二〇〇〇年。『**渋史館**』：渋沢資料館常設展示図録、二〇〇〇年。『**シ父伝**』：ハンス・ケルナー、竹内精一訳『シーボルト父子伝』創造社、一九七四年。「**渋伝資二**」：デジタル版『渋沢栄一伝記資料』第二巻、渋沢栄一記念財団。「**写真**」：谷昭佳「写真にみる戊辰戦争前夜の箱館・松前」箱石大編『戊辰戦争の史料学』勉誠出版、二〇一三年。「**集院誌**」：「集議院日誌」『明治文化全集 四』日本評論社、一九二九年。『**史要**』：『明治史要 全』東京大学出版会、マツノ書店復刻版、一九九八年。『**史要附表**』：『明治史要 附録概表』東京大学出版会、マツノ書店復刻版、一九九八年。『**史料学①**』：箱石大編『戊辰戦争の史料学』勉誠出版、二〇一三年。『**史料学②**』：岩下哲典編『江

戸無血開城の史料学』吉川弘文館、二〇二三年。『**新視点**』：奈倉哲三・保谷徹・箱石大編『戊辰戦争の新視点 上』吉川弘文館、二〇一八年。「**新宗教**」：B・H・チェンバレン「武士道―新宗教の發明―」『日本事物誌 1』東洋文庫131、一九六九年。『**人名**』：『明治維新人名辞典』吉川弘文館、一九八一年。

(セ)『**世百典**』：『世界大百科辞典』平凡社、一九六七年。「**仙騒擾**」：木村紀夫「仙台騒擾はなぜ起こったのか」「仙臺郷土史研究」三〇二号、二〇二〇年。『**仙臺史 一**』：『仙臺市史 第一巻』仙臺市役所、一九五四年。『**仙戊史**』：藤原相之助『仙臺戊辰史』仙臺藩戊辰殉難者五十年弔祭會、一九一七年、マツノ書店復刻版、二〇〇五年。『**仙戊人**』：木村紀夫『仙台藩の戊辰戦争―幕末維新人物禄282』荒蝦夷、二〇一八年。

(ソ)『**叢書①―⑧**』：『宇和島伊達家叢書①―⑧』。「**副島種臣**」：安岡秋男『副島種臣』吉川弘文館、二〇一二年。

(タ)『**第一銀**』：『第一銀行五十年小史』第一銀行、一九二六年。『**大外文 一ノ二**』「**付録三**」：『大日本外交文書第一巻第二冊』外務省調査部編纂。『**大外文 二ノ一**』：『大日本外交文書 第二巻第一冊』同右部編纂。『**大外文 二ノ二**』：『大日本外交文書 第二巻第二冊』同右部編纂。『**大外文 二ノ三**』：『大日本外交文書 第二巻第三冊』同右部編纂。『**大外文 三**』：『大日本外交文書 第三巻』同右部編纂。

(チ)『**勅履原 下**』：我部政男、広瀬順晧『勅奏任官履歴原書 下巻』柏書房、一九九五年。

(ツ)『**図録**』：『宇和島伊達家伝来品図録』宇和島市立伊達博物館、二〇〇七年。

(テ)『**ディキンズ**』：川村ハツエ『F・V・ディキンズ』七月堂、一九九七年。『**鉄近化**』：原田勝正『鉄道と近代化』吉川弘文館、一九九八年。『**寺宗資 上下**』：『寺島宗則関係資料 上下』寺島宗則研究会、示人社、一九八五年。『**天皇紀 一**』：宮内庁『明治天皇紀 第一』吉川弘文館、一九六八年。『**天皇紀 二**』：宮内庁『明治天皇紀 第二』吉川弘文館、一九六九年。

(ト)『**遠い崖3、4**』：萩原延寿『遠い崖―アーネスト・サトウ日記抄3、4』朝日新聞出版、一九九九年。『**東洋銀**』：立脇和夫『明治政府と英国東洋《オリエンタル》銀行《バンク》』中公新書、一九九二年。『**徳慶伝 4**』：渋沢栄一『徳川慶喜公伝 4』平凡社、一九六八年。「**得能**」：木下博民「評伝 林玖十郎というよりも得能亜斯登」「よど」第一五号、二〇一四年。『**杜全集**』：鈴木虎雄訳注『杜

甫全詩集 第二巻』日本図書センター復刻、一九七八年。

（ナ）「**南史要**」：菊池桐郎稿『南部史要』私家版、一九一一年。

（ニ）『**新潟史**』：『新潟県史 通史編6 近代一』新潟県、一九八七年。『**日外典**』：『日本外交史辞典』山川出版社、一九九二年。「**日教史**」：「日本の教育史学 四九巻」教育史学会、二〇〇六年。『**日近履**』：秦郁彦編『日本近現代人物履歴事典』、東京大学出版会、二〇〇二年。『**日研辞**』：日本歴史学会編『日本史研究者辞典』吉川弘文館、一九九九年。『**日国成**』：原口清『日本近代国家の成立』『原口清著作集4』岩田書院、二〇〇八年。『**日国典**』：『日本国語大辞典』小学館電子版。『**日政史**』：渡辺浩『日本政治思想史』東京大学出版会、二〇一〇年。『**日鉄史**』：老川慶喜『日本鉄道史』中央公論新社、二〇一四年。『**日鉄草**』：林田治男『日本の鉄道草創期』ミネルヴァ書房、二〇〇九年。

（ネ）『**ネズミ**』：楠屋重敏『ネズミはまだ生きている―チェンバレンの伝記―』雄松堂、一九八六年。

（ハ）『**パ伝**』：F・V・ディキンズ、高梨健吉訳『パークス伝』東洋文庫429、一九八四年。『**幕維人**』：『幕末維新人名事典』学芸書林、一九七八年。「**幕維士**」：林淳「幕末・維新期における土御門家」愛知学院大学文学部紀要38号、二〇〇九年。

（ヒ）『**東世日**』：『東久世通禧日記 下』霞会館華族史料調査委員会、一九九三年。『**百官** 一、二』：日本史籍協会編『百官履歴 一、二』北泉社復刻版、一九九七年。『**広島藩**』：土井作治『広島藩』吉川弘文館、二〇一五年。

（フ）『**補任**』：日本史籍協会『増補幕末明治重職補任 付諸藩一覧』東京大学出版会、一九八〇年、マツノ書店復刻版、二〇一四年。

（ホ）「**北ド跡**」：小原淳「北海道に存するドイツ関連史跡の総合的検討」Waseda Rilas Journal No.8, Nov.2020。『**戊役史**』：大島柏『戊辰役戦史 上下』時事通信社、一九六八年。『**補史表**』：『補正明治史要付録表』東京大学出版会、マツノ書店復刻版、一九九八年。『**戊戦**』：佐々木克『戊辰戦争』中公新書、一九七七年。

（マ）『**松関文**』：三好昌文『宇和島・吉田旧記 第七輯 松根図書関係文書』、一九九九年。

（ミ）『**密留明**』：犬塚孝明『密航留学生たちの明治維新』ＮＨＫブックス、二〇〇一年。「**民蔵分離①**」：佐々木克「「民・蔵分離問題」についての一考察」史苑29巻3号。「**民蔵分離②**」：松尾正人「明治初年の政情と地方政治」土地制度史学第91号23巻3号、四二―五七頁。

（ム）『**宗城伝**』：兵頭賢一『伊達宗城公傳』創泉堂出版、二〇〇五年。

（メ）『**明維史**』：石井寛治『明治維新史—自力工業化の奇跡』講談社、二〇一八年。『**明技官**』：柏原宏紀『明治の技術官僚』中公新書、二〇一八年。『**明国環**』：石井孝『増訂明治維新の国際的環境分冊二』吉川弘文館、一九七三年。『**明国成**』：『明治国家の成立』日本歴史大系13、山川出版社、一九九六年。『**明財史 一**』：明治財政史編纂会『明治財政史 第一巻』丸善書店、一九〇四年。『**明史典**①—④』：『明治時代史大辞典①—④』吉川弘文館、二〇一一—二〇一八年。「**明治河川**」：松浦茂樹「明治初頭の河川事業」「水利科学」二四七号。『**明治天皇**』：ドナルド・キーン、角地幸雄訳『明治天皇 上巻』新潮社、二〇〇一年。『**明政鉄**』：田中時彦『明治維新の政局と鉄道建設』吉川弘文館、一九六三年。『**明前国**』：戒田郁夫『明治前期における日本の国債発行と国債思想』関西大学出版部、二〇〇三年。『**明農騒**』：土屋喬雄・小野道雄編著『明治初年農民騒擾録』南北書院、一九三一年。『**明文全 四**』：吉野作造編『明治文化全集 第四巻憲政篇』日本評論社、一九二九年。『**明留生**』：小山騰『破天荒〈明治留学生〉列伝』講談社選書メチエ、一九九九年。

（モ）『**モレル**』：林田治男『エドモンド・モレル』ミネルヴァ書房、二〇一八年。『**諸淵**』：愛媛県立歴史文化博物館特別展図録『三瀬諸淵—シーボルト最後の門人』、二〇一三年。

（ヤ）『**山県史**』：『山形県史 第四巻 近現代史 上』山形県、一九八一年。

（ヨ）『**洋史典**』：日蘭学会編『洋學史事典』雄松堂出版、一九八四年。「**よど**」：西南四国歴史文化研究会報、1—24号、二〇〇〇—二〇二三年。

（リ）『**両藩史**』：『宇和島吉田両藩史 全』（『北宇和郡史』の復刻版）名著出版、一九七二年。

（レ）『**黎明**』：マックス・フォン・ブラント『黎明日本』日獨文化協会、一九四二年。「**歴う31**」：「歴史のうわじま」第三一号「伊達宗城の明治新政府への登場—神戸事件をめぐって—」、二〇一六年。

（ロ）『**ロセス**』：神長倉眞民《かなくらまさみ》『佛蘭西公使ロセスと小栗上野介』ダイヤモンド出版、一九三五年。マツノ書店復刻版、二〇一五年。

外国語文献・デジタル資料

『**Acta Ⅶ Ⓐ〜Ⓒ, Ⅸ**』：Schmidt, Vera Acta Sieboldiana Ⅶ Ⓐ〜Ⓒ, Ⅸ, Harrassowitz Verlag, 1999~2000.

『**Cort**』：Brunton, Richard H.,"Building Japan 1868-1876", Introduced by Sir Hugh Cortazzi, Japan Library, 1991.

『**Fox**』：Fox, Grace, "Britain and Japan 1858-1883", Oxford, 1969.

「**Glanzstücke 2015**」：Aus der Numismatischen Sammlung der Deutschen Bundesbank 2015. accessed 8/4/'23.

『**Kondo**』：Kondo,T., "Visit of British Squadron with Sir Harry S. Parkes to Uwajima in 1866 - A Historical Revision -". 宇和島市、二〇一六年。

『**Lane-Pool**』：Stanley, Lane-Pool, "The Life of Sir Harry Parkes", Macmillan and Co. 1894.

「**New Religion**」：Basil Hall Chamberlain "The Invention of a New Religion", The Project Gutenberg Etext. accessed 29/3/'23.

『**ODE**』："Oxford Dictionary of English" Oxford Univ. Press, 2005.

「**ア歴グ**」：「アジア歴史グロッサリー」jacar.go.jp/glossary/term3/0010-0030-0020-0010-012.html. accessed 14/8/'20.

「**庚午事変**」：「庚午事変の群像」徳島県立文書ＨＰ。

「**四傑僧**」：Ankei Yuji et al. Four Priests of Yamaguchi who Saved Buddhism in Early Meiji Era Japan: a Study on Simaji Mokrai, Ozu Tetsunen, Akamatsu Renjo, and Kagawa Hoko. 山口大学学術情報第５号、二〇一二年三月。

「**振徳堂**」：https://www.lib.pref.miyazaki.lg.jp/ct/other000000900/bakumatuzen.pdf. accessed 17/4/'24.

『**世外井上公伝**』：NDLDC　https://dl.ndl.go.jp/pid/　accessed 4/12/'21.

「**船艦受渡**」：「兵部省船艦受渡ノ処分ヲ稟申ス」太政類典・第一編・慶応三年～明治四年・第百九巻・兵制・艦船「アジ歴A15070868900」。 accessed 25/9/'23.

「**太政類典**」：https://www.digital.archives.go.jp/dajou/ accessed 16/2/'24.

「**玉川通船**」：https://higashiyamato.net/higashiyamatonorekishi/2017/12/08/tamagawazyousuituusenn2/. accessed 10/2/'21.

『**東京官員録 全**』：NDLDC　https://dl.ndl.go.jp/wiew/adjustedPdf/digidepo_1086732.pdf.

「**十津川**」：https://www.totsukawa-nara.ed.jp/bridge/person/person31-40/ accessed 11/5/'22.

「**豊百典**」：「豊岡百科事典」 cccc.bookshelf.jp/bookview/?flseque=3085. accessed 26/9/'20.

『**復古 一**』：『復古記 第一冊』 NDLDC　https://dl.ndl.go.jp/pid/1148133（参照 2023-06-15）。

『**復古 二**』：『復古記 第二冊』 NDLDC　https://dl.ndl.go.jp/pid/1148192（参照 2023-06-15）。

『**復古 一〇**』：『復古記 第一〇冊』 NDLDC　https://dl.ndl.go.jp/pid/1148425（参照 2023-06-15）。

『**復古 一二**』：『復古記 第一二冊』 NDLDC　https://dl.ndl.go.jp/pid/1148505（参照 2023-09-10）。

『**法分大 官十**』：NDLDC『法規分類大全 官職門十』内閣記録局編輯、一八九〇年。

『**法全書**』：NDLDC『法令全書』内閣官報局、一八六九年。

「**早稲田大学古典籍総合DB大隈重信関係資料**」 WULA イ 14　A4465. accessed 1/6/'21.

※国会図書館デジタルコレクションはNDLDC、国立文書館デジタル・アーカイブはNAJDA、早稲田大学図書館アーカイヴはWULAと略記。

【付録】

関連書簡類・その他

付録　関連書簡類（伊達宗城、林玖十郎、アレックス）　※ルビは近藤

一　水師総督へ口上　宗城からキング提督(1)宛書翰草稿(2)　慶応二年末

御直書写

先達ハ態々以使船新年賀詞之書翰被差越、懇篤之情筆紙ニ難演、大慶無此上存候。右御挨拶罷越申陳候様、國元より申付越候。(3)

右水師總へ口上

通辨官アレキ(4)サトウ両人之内へ密話大意佐之通。

此度使船被差越、被投總督手簡候ハ、去年八月ミニストル君水師總督(5)御越被下、御互ニ結御懇親候。交誼之情實より出候義ト實ニ不堪感謝、乍然僻境と申不意之儀別而諸事不都合之次第ニ付、アゴス船将(6)ラヲント(7)始へ宜敷被申述度、サトウにハ懇切預通辨候故萬端都合能忝存候。扨又昨年ミニストル君御越之節ハ長崎奉行所より手前ニ通達も有之、又條約面にても日本國中何れへ被参候共無差支、旁々無彼是候得共、當節《今回の》之御使節ハ幕吏より通達も無之、亦懇親を被結候諸大名ト往来致候義、条約面(8)ニも不分明、旁幕府且外《ほかの》大名にも不審ニも可存哉ニ付、此後之所ハ當《御》地奉行より宇和島へ被罷越候間致承知候様と申紙面持参有之度、貴國ニ而一度被結懇親候先方ハ《へ》、突然使船被差向無御差支譯ハ能相分リ居候得共、日本國内ハ未タ舊《旧》染之風習有之、内外心痛之情態不得止所御亮察被下度。此儀整候ハバ内外甚仕合ニ存候條御懇談可申旨申越候。此度之所ハ如別紙幕府へ和解《わげ》(9)に而相届候故、此儀も御含置可被下候。如此無服臓《ママ》及御頼談候義畢竟永久交際ニ故障無之様との希望より取計候儀ニ付、ミニストル君ニても深察有之度、云々取繕可申述。

二　慶応三、四年林玖十郎書翰二通、玖十郎宛達一通

二ノ一　慶応三年林玖十郎上書(10)

雑報

一八月中旬御帰国(11)御座候之一条も土藩にてハ余リ快不思由

一大事件宇和島国論決定之處ハ上甲貞一兼而後藤同船にて土州へも参り土論一決承知にて帰国之事故早速御結論持上京可在之ハ勿論かと存若上甲上京無之候ハゝ別人にても上京可在之譯之處其義更ニ無之松根太夫上京にて何欤隠然として匕居其内ニ急ニ御帰国ニ相成候爾来御国論御決定之御否も更無之都築壮蔵君より承候處も右大事件ハ決定論を持上甲貞一不遠上京可致と御聞候處御同人も今以上京も無之最早右事件ハ成切ニも相成御座候何欤御異論も在之成と疑惑ある趣右之通にも土州疑を抱居御座候此余にも当分難く御座候共何分筆紙難申上御座候尤眼目ヒ相成候處ハ先便申上候義にて右件ホハ其内之小細事御座候共承候儘申上候

一幕之蒸氣船両艘先月末江戸出帆尤戦兵右船へ乗《ママ》る程乗組居彼是千五六百も可在之勢州沖にて破船舶も沈没戦兵士官不残溺死亀山侯石川若狭守家老壱両三人統逃死にて存命右出帆御座候陸地よりも御大隊程相登り掛候處三島之宿にて大樹公より足留飛脚御相達夫より返ス

一紀州藤堂より正三卿へ建白差出候處御取上更ニ無之ニ付假ニ相せまり差出候付表向御取上斗之躰は実ハ摂政御手裏へ相達候由幕へも両家其外よりも相達候處右様之反古ハ取上不出来旨にて御取上更ニ無之相下り候由右ハ確説之趣

一兵庫へ英舶両三日以前ニ着岸尤公使ハ未来由一両日之内にハ公使も可来之由

同處開港期限差延之一条ハ此間田中幸介横濱へ参リ内應接対彼も承諾致候向之由未幸介より直ニハ不承候

一此度之大変革外国人承リ殊ニ賞歎既ニ新聞紙出し萬国へ弘メ候由幸介話

一外国取扱之両三藩今以決着不仕異論難々之由ニ御座候

右之通平《ひらに》言上候以上　　林玖十郎

二ノ二　北陸道へ出兵之御達書　林玖十郎参謀之件

北陸道為鎮撫高倉三位(12)四條大夫(13)右明日發行ニ付、其藩林玖十郎為参謀、一小隊ヲ引率早々四条家江可行向御沙汰之事。(14)

二ノ三　大総督府参謀林玖十郎より西園寺雪江(15)へ戦況報告書　慶応四年三月一一日

駿府より一筆啓上仕候。大屋形様(16)益御機嫌能ヒ遊御座恐悦至極奉存候。随而貴兄愈御勇壮可成御勤仕奉嘉候。扨具《つぶさに》御地にて外人入京参内之趣如何許リ御繁用与奉察候。折柄斬殺之災(17)も又々在之趣、誠以不一度再三度外国御交際之御手腕にケ様之義在之不都合至極、外國へ對し赤面至極。上躰ニもいか計リ御痛慮与奉恐察候。大總督宮(18)にも此節者當所へ御在陣ニ相成申候。先陣ハかな川《神奈川》辺迠相進申候。一過ル三日近藤勇之徒ニ會人歩兵共甲州路へ繰出し候趣相聞、東山道より土因《土佐鳥取》両兵二千斗《ばかり》發向致し候。高科《たかしな》よりも濱松勢四百人海江田武次《つぐ》引卒發向致候處、同六日於彼方松代勢諏訪勢(19)兼々東山道より甲府警衛取締ニ出張致候ニ付、直様走而直ニ戦争と相成一端諏訪勢敗走致候處、松代勢入替リ一戦ニ打破候申候《ママ》。一輪王寺宮《りんのうじのみや》(20)慶喜謝罪歎願として過七日當地へ着、《闕字》帥宮《そちのみや》(21)にも御對面在之候處、慶喜一身ハ如何様ニヒ《被 闕字》仰付候ても奉拝受候。乍併官軍一時城下へ繰込ニ相成てハ、万民之疾苦ニも可立至も不被斗《はかられず》、暫御猶豫被下度旨之義御取持ニ候得は、何ホ《等》と且不被申、実跡之謝罪も無之罷上候事故、御取上ニ難相成候旨御返答ニ相決候事。外《ほか》へ同様歎願大名四十人斗、尤譜代之面々書留置。一昨昼頃山岡鉄次郎《ママ》(22)尤幕人也。久しく慶喜之不興を受被退居候得共、元来正義之仁也。伊井安藤抔(23)ニも深ヒ忌候者、忍て罷越勝房州大久保一翁(24)抔と申合謝罪之実行可相立旨申出候。尤《最もの宛字》吉之助(25)へ依頼致し来リ候。吉之助前以一面致候事在之故也。同人《鉄太郎》云慶喜ハ東山(26)ニ退去致居候得共、是迠阿諛之近習其外共不残離散致、壱人も附不從。山岡義ハ是迠も深ヒ忌候得《ママ》、今日之場合相成拾《義にしたがう》義無之、山岡同士之浪士其外卑賤之者決心致し百五十人斗《ばかり》にて慶喜之警衛致居旨。大久保《一翁》勝《安房》共は決して官軍と戦候心底ハ無之、萬一玉石共碎《玉石ともに砕く》云官軍之論ならハ、上下《かみしも》着用にて軍門ニ出て首をのへて天討を待候旨。山岡も彦根如きの手ニ掛リ死ハいや故、只今薩長手ニて首を斬呉様申候。中々感心之人物旗下《はたもと》にハ珍敷感泣致候。天日山之小宮山土屋とも可申人物也。國家欲之忠臣顕る之謂也。感心々々同人之誠ハ可取之義在之、夫故実行謝罪《慶喜の》之道相立候様御注文ニ相成候事。同人《鉄太郎》云、いかに官軍と云とも玉石共砕、君臣父子之名分不相立様の御處置在之てハ、此度之一挙ハ御始末相附可し《ママ》。堂々朝廷以往《以後》　《闕字》皇國を御維持之道相崩レ申して外國御交際之召萬國へ對御不當之御處遇在之てハ不相濟義与奉存候旨申述候。実ハ同人ハ勤王家にて壱人かけ込官軍へ加リ度候得共、今日之徳川を見捨勢ニ附、心ハ更ニ無之よし申候。一来ル十五日攻城之期限ニヒ　《闕字》仰付候時来迠、謝罪之実行不相立候ハバ大戦与《と》相成申候。此段叢々《ママ》之御注進申候。雑報夥敷《おびただしく》在之候得共、寸暇無之、跡ハ近々御注進可申上存候。此処如此御坐候恐懼謹言。

三月十一日　　　　林玖十郎

西園寺雪江様

役義無恙《つつがなく》相勤候而、何卒御披見可被下候。大急調筆候故、尿字《ママ》誤字御用捨可被下候。

三　明治三、四年の宗城宛アレックス書簡三通

三ノ一　宗城宛アレックス書簡　明治三年六月一二日

以手紙致啓上候。然者今朝懸《けさがかり》御伺御話申上度義者、昨日新聞参候所、支那チンシン(27)ニ於て拂之岡士《ママ》(28)(29)并女教師拂人ヒ殺害《被》、於同所拂之岡士館寺ホヒ《等被》焼捨、且又於北京拂公使魯斯亜《ロシア》人ホ及暗殺候趣も相聞候。別に板本《ばんぽん》(30)弐枚差上候間翻譯ニ而御覧ヒ成候ハヽ事情相分り可申候。夫是《それこれ》(31)て内ゝ掛御目候。今晩罷出候心得之所差合《さしあい》(32)出来候間、新聞而已《のみ》差上候。尚明朝罷出可申陳《もうしのべ》候。右可得御意《ぎょいをうべく》、如斯御座候《かくのごとくにござそうろう》　以上

六月十二日　　　　バロンフヲン《ママ》シーボルト

伊達民部卿様

閣下

三ノ二　宗城宛アレックス書簡　明治三年一一月六日

以蕪簡得御意候。時下大寒之節益御機嫌克被成御座珍重御儀奉存候。然ハ欧洲來《ママ》春已來楮幣(33)之義につき繁忙殊ニ普墺(34)之間ニ上野氏(35)之爲ニ出張仕居、同行之古沢(36)ハ龍動ニ残り度旨申出、乍《ママ》（無）據《よんどころなく》獨行去故《ひとりゆきさりしゆえ》、私文ニ差支《私信が滞り》乍存御無沙汰相成候。不悪御許容奉願上候。楮幣之義ハ上野氏より定て御聞及之事と奉存候。普國フランケホルト府之ドンドルフ氏(37)と申者と相約シ十八ヶ月間に皆出来之積ニ御坐候。英國へ註文仕候より凡壱年も早く出来候。必す巧ニ出来候事と奉存候。時日賜り永引候故、定シ其間ニ差支も起り可申と存私より上野前嶋(38)両氏へ申立候而、スタンプ註文之事ニ仕候。御存之通り西洋にてハ右スタンプを手紙之表ニ貼附け候て賃銭と仕候。是ハ小形之紙之札ニ候て政府にて扱へ《ママ》、状賃ハ勿論税之承取、或ハ改書面ニ附け置候。此物扱方念入候得ば贋物出来兼候。其上製造之費ハ僅少ニ御坐候。右ニつき日本之紙札一々改候上にて信《ママ》なる物に張附置候ハヽ、新楮幣出来迠贋物之防ニ相成可申と奉存候。此物宜敷事ニハ一度張附候得ハ取放候事出来候ハず、大小札之別(39)之爲ニ其物之上ニ書附候文字ハ舎蜜(40)之方にても疵なく取除候事不能候。至極日本當分之通用ニ可然と奉存候。上野前嶋右を能了解致され候故数壱億墺之都ビーナ(41)に註文仕候。三ヶ月内ニ出来候積。其製造之費凡千六百ポンドと相定申候。右ハ定て上野より委細申上候事と存候得ハ唯大概を摘申上候。

レー氏(42)之一条ハ兼之通相濟候。蒸氣車之事總而バンク(43)に而引受居候得共、此儘にて捨置候事ハまた十分之所置とハ存難候。一躰バンクは金丈之取扱致候事故、機械買入并ニ機械方雇入方蒸氣車扱方及取締一個ニハ出来不申と奉存候。且一個ニ立程之大権を與へ候事不可然と奉存候。日本ニ於て蒸氣車取締役所取建候事容易ニ候得共、機械買入と機械方雇入ハ何れ西洋英其他之國之内ニ候へは、是非工部院之技葉ハ英國ニ取建度奉存候。英政府持之印度(44)之蒸氣車にても英國に於て附属品買揚之節大ニ損失有之候由ニ承り及候。日本之物を彼地而買揚候事故格別念入れ申べき事と奉存候。右之件を御熟考之上私西洋滞在中御申聞次第尽力可仕候。右ハ既ニバンク之頭取スチュワート氏(45)と相談仕候處同氏も同意ニ候也。此頃獨逸政府之蒸氣車之事取調候處、墺國なとハ大概英國へ註文致候由ニ御坐候。抑其機械之鋳立之時より落成迠可然人を選ミ附置候由。其故ハ鉄ニ種々種類御坐候得ハ取替する[46]爲に御坐候。日本政府ニても機械英國へ註文之節ハ他國人之可然者を擇選附置候方可然と奉存候。レー氏之事ハ先ニバンク之権を以て取調申候。委曲ハカルギル[47]氏帰東ニて御承知之事と奉存候。私之考ニ面向之出入よりバンク之仕方却て政府ニ聞へ宜敷と奉存候。右金之多少ハ私之預らさる事故弁不申候得共、多之金をレー氏之族[48]之手ニ渡候事ハ残念之事ニ御坐候。

兼て御命し之工部院之調も心掛居候得共、何分上野氏之用にて昼夜多忙、何分書付にて差上申兼候也。英國ニ而ハ格別日本之爲ニ相成可申と申義も見當不申、普ウンガリア蘭[49]などハ蒸氣車之取締政府にて致候間、少も永く滞留相成候はば委敷取調御申上候。乍残念上野氏ハ三ヶ月内には帰東致さるゝど申事、金札之受取方ホ《等》ハバンクえ託候と之事。尤も同氏之帰郷ハ尤之事ニ候得共、楮幣製造之場所プロイセンフランクホルト大切之場所ニ壱人も附置す勝手ニ仕せ候事ハ不可然と奉存候。金ハバンクにて引受拂方可仕候とも、龍動とフランクホルト之間隔絶、決して此取締ハ出来不申。一躰私之見込ハ前島と残り取締仕候積ニ御坐候処、又龍動にても三ヶ月中帰東候由承り候。差當り私帰東格別之御用向も無之ハ、右取締として私丈ハ御残し置ヒ下様致度候。且工部院之取調仕、逐々に御廻し[50]可申上候。若此事御尤と思召御許容致候はば、オリヘンタールバンク之手を経られテレガラフにて御仰越ヒ下様奉願上候。先比[51]御命之印形并ニ写真入ハ弟より御差上候事と奉存候。墨國《アメリカ》にて御註文之腰掛も御手に入り候事と奉存候。

孛佛戦争《ふふつせんそう》不相分、乍然不日ニ落城[52]と奉存候。此戦而已《のみ》ならず、諸方ニ争亂起り可申、魯《ロシア》ハ土《トルコ》を奪むとなし、亜《アメリカ》ハ英領カナタを取らむとす。孛《プロシア》[53]ハ佛之平き次第ルクセンボルグを合せ又蘭《オランダ》に及んとす。西洋ハ當分争乱而已と奉存候。其内ニ日本も萬機を調へ充実堅牢相成候様致度と奉存候。来西洋正月十日ニ黒海一条につき各國公使集會と申事。乍然平和ニ調申間敷と之説ニ御坐候。

此頃楮幣御用向にて墺他利《オーストリー》国ニ罷越、私間儘之答禮旁參内墺帝ニ謁シ、右節種々日本之談話御座候。弥厚交際を要する模様ニ御坐候也。先ハ要用餘は後便ニ萬々可申上候。恐々謹白

西暦　十二月廿七日(54)

ハロン　フォン　シーボルト

敬白

伊達民部卿殿下

再白　時気兎角御自愛専一奉祈候。本文之次第大隈氏へも御傳へ可然件ニハ宜敷御鶴聲奉願候、　以上

信機ハ私弟ニ御申付候而も可然候。亜国を通シ凡壱ヶ月ニて達候。本文之趣可然と思召候はば岩倉公へ可然御仰立奉願上候、　以上

三ノ三　宗城宛アレックス書簡　明治四年四月二九日

於倫敦千八百七十一年第六月十六日(55)

・・・・・附之御書翰中ニ御用之儀御座候旨ヲ以速ニ可致帰朝且ツ拙者出立之日限ハ辨務使上野大藏大丞と可致談判ヲモ同時御示命之旨承知仕候。上野大丞拙者え御差圖之旨ハ、政府御用之紙幣製法之儀ヲ孛國フランクリン(56)ニ在ッテ可致見窮と之御達書ヲ落掌仕候ニ付此書ニ封入仕候。

右製造ヲ見窮仕候ニ七人今二三箇月モ相縣候ニ付、若夫迠ニ別段御差圖之廉モ無御座候はば其職務成巧《ママ》之上速カニ帰朝可仕候。

頓首謹言

バロン・フォン・シーボルト

伊達大藏卿閣下

【付録】注

（１）George《ジョージ》 Vincent《ヴィンセント》 King《キング》 英国シナ艦隊副提督（本書翰の時には提督に昇進）。パークスと共に慶応二年六月に旗艦プリンセス・ロイヤル号で宇和島来航。

（２）慶応二年六月夏の宇和島英艦隊招待は、幕府に対抗意識を露わにする鹿児島藩とは違って、アレックスの思いつきに家老松根圖書と先の藩主宗城が乗った面があった。ご隠居様宗紀《むねただ》、大屋形様宗城父子の指揮宜しきを得て、佐幕・尊攘の深刻な藩内対立もなかった。黒船雛形を造って、お潰し様と呼ばれた宗城は世界最新の文明力を無事平穏に慣れた宇和島人、なかんずく藩主宗徳に見せたかったのではないだろうか。

（３）国元からの指示で江戸藩邸から横浜英公使館へ出している。

（４）Alexander《アレクサンダー》 von《フォン》 Siebold《シーボルト》 と Ernest《アーネスト》 Mason《メイスン》 Satow《サトウ》、ともに英公使館通訳官。アレックスは慶応二年六月に、サトウは同年一一月に来宇。

（５）Harry《ハリー》 Smith《スミス》 Parkes《パークス》 英公使と G.V. King 提督。

（６）サトウが乗ってきたアーガス号（『外交官』二〇七頁）。

（７）艦長ラウンド中佐（同右書二一一頁）。

（８）改税約書に成文がない。

（９）日本語訳で。

（10）「維史紹」＃20文書である。慶応三年六月宗城は後藤象二郎の大政奉還論と公議政体論を承け（「維史紹」＃14）、島津久光と連名で山内容堂へ賛意を表し（「維史紹」＃17）、上甲貞一を土佐へ派遣したが（「維史紹」＃16、18）、変革を恐れる宇和島藩家老・中老の猛反発を受けた（「維史紹」＃19）。宗城は萎縮し、象二郎との間にも懸隔を生んだが、それは都築荘蔵がなんとか修復した（「維史紹」＃21）。

（11）明治天皇践祚でいわゆる四賢公の京都集合があったが、財政不如意で宗城は八月には帰藩の予定だった。そこへ、容堂・象二郎の土佐論の紛議が起きて、家老松根圖書が上京。それを玖十郎は圖書が宗城を連れ戻しに来たと誤解。

（12）高倉永祐《たかくらながさち》北陸道鎮撫総督、後北陸道先鋒総督兼鎮撫使（『人名』五五六頁）。

（13）四条隆平《しじょうたかとし》、公家。正月二〇日北陸道鎮撫副総督（『人名』四七九頁）。

（14）高倉が正月二〇日の京都進発（『人名』五五六頁）であれば、玖十郎はすでに大総督宮軍参謀として出京しているのだから（『復古 二』三六七頁）、北陸への御沙汰には従えない。指令が混乱していた。

（15）中世の宇和郡を支配していた西園寺氏の裔とされる松田覚助《かくすけ》家当主。宗城に重用され西園寺を名乗る。通称雪江《せっこう》、公成《きんなり(る)》が諱か。宗城は退官後華族の長老として、渋沢の第一銀行に華族の出資をすすめ、そのお目付として明治八年公成を取締役に派遣し、彼は明治三七年までその地位にいて（『第一銀』一三六、一四一頁）、大正七年からは長男の亀次郎がその跡を襲っている（同上書一四二頁）。公成の孫西園寺実は昭和四九―五九年渋沢青淵記念財団竜門社理事長を勤め、その後には旧宇和島藩士の子孫である八十島親義が理事長に就任している（『渋史館』一三一頁）。

（16）宗城。

（17）慶応四年二月三〇日のパークス襲撃事件（『御日記④』解説 一）。

（18）有栖川宮熾仁《ありすがわのみやたるひと》親王。

（19）宗城長男真田幸民《さなだゆきもと》が松代藩主（『図録』三七九頁）。

（20）後の北白川宮能久《よしひさ》親王。能久親王の後室富子《とみこ》妃は伊達宗徳《むねえ》次女（『図録』三七九頁）。

（21）熾仁親王。

（22）旗本小野右衛門五男、幕臣山岡静山の養子。勝海舟、高橋泥舟らと慶喜救解、江戸城無血開城に功があった。剣・禅・書を能くし、禅寺全生庵を建立（『明史典③』七〇一―七〇二頁）。

（23）桜田門外の変で横死した大老井伊直弼《なおすけ》と坂下門外の変で負傷した老中安藤信正《のぶまさ》。

（24）宗城と関係深かった老中首座阿部政弘派の開明旗本。大開国論・大政奉還論を早期に唱えた。静岡藩権大参事、東京府知事、元老院議官などを歴任（『明史典①』三一八頁）。

（25）隆盛と鉄太郎はすでに面識があったとしている。

（26）東叡山寛永寺大慈院、鉄太郎は精鋭隊七〇人を率いて護衛（『徳慶伝 4』二一五頁）。

（27）天津。

（28）「佛」の誤字。

（29）領事 Consul の和訳語。

（30）印刷物。

（31）いろいろな用件で内密に。

（32）差支《さしつか》え。

（33）紙幣。

（34）プロシアとオーストリアの二国。

（35）上野景範《かげのり》、旧薩摩藩士、寺島宗則に引き立てられ、明治元年からハワイ移民、紙幣、灯台、鉄道に係わる。明治三年六月大蔵大丞、一八日特例弁務使として「今般英國オリエンタル為替會社へ全權ヲ與ヘ同國ホラーショネルソンレー氏ト取結ヒシ借財ノ条約不當之所爲糺正セシムルニ付若彼國ニ於テ同會社難決事件有之候ハ便宜専断之特權御委任被仰付候事○今般英國ニ於テハ名工相撰ヒ精良緻密贋模ノ患不生様方法便宜處置御委任候事」。明

治四年八月一二日帰朝（『百官 一』四四五―四四六頁）。

（36）古沢滋《しげる》（幼名迂郎）、土佐藩。勉学も兼ねた英国出張。帰国後自由民権運動から逓信省郵便局長、奈良県知事など（『明史典③』三四四頁）。

（37）Die Firma Dondorf & Naumann（ドンドルフ・ナウマン印刷会社）。一〇〇、五〇、一〇、五、二、一円札と五〇、二〇、一〇銭札が、明治三年から五年にかけて印刷されている。銅版印刷の彫版師はイタリアから招聘された Edardo《エドアルド》 Chiossone《キヨソネ》で、彼はこのあと日本政府に雇用された（ドイツ連邦銀行「Glanzstücke 2015《貨幣・宝飾展》」四四―四七頁）。

（38）前島密、旧幕臣。明治三年六月「上野大蔵大丞爲特例辨務使英國へ被差遣候ニ付差副被仰付候事」（『百官 二』二五一頁）。

（39）分別。

（40）化学《ケミストリー》。

（41）ウイーン。

（42）China Venture Association（中国事業協会）（ＣＶＡ）代表 Horatio《ホレーショ》 Nelson《ネルソン》 Lay《レイ》。鉄道費用を私的に調達すると称して、ロンドン証券市場で公債を発行（補注［一八］）。日本との間で訴訟問題に発展したが、日本政府は実務上オリエンタル・バンクの差配に従った。

（43）ロンドンの Oriental Bank Corporation（東洋銀行本店）（ＯＢＣ）本店。

（44）セイロン島。

（45）Charles《チャールズ》 James《ジェームズ》 Stuart《スチュアート》。ＯＢＣ頭取。宗城からパークスの指示で動くようにと命ぜられていた（本日記明治二年七月二三日記事）アレックスはＯＢＣと上野弁務使との間で補助・調整・情報蒐集の役を担っていたと見られる。

（46）粗悪鉄の使用を監視する役。

（47）William《ウイリアム》 Walter《ヲルター》 Cargill《カーギル》。オリエンタルバンク本店監査役。レイの公債問題処理に当たった後、鉄道建設事業監督として来日。

（48）ＣＶＡなどの関係者。

（49）プロシア・ハンガリー・オランダの三国。

（50）報告書を。

（51）先頃。

（52）パリ開城は翌明治四年一月。

（53）プロシア（北ドイツ連邦の前身）。

（54）明治三年一一月六日。

（55）明治四年四月二九日。

（56）フランクフルト。

白沙人意訳

横浜パークス英公使への書翰　慶応二年六月
この間はご来臨ねんごろにお礼を万々申し述べます。英明なハルリパルクス君シンフルブ君はじめへ拝謁いたしましたところ、懇々切々とご説明があり、歓喜にたえませんでした。ことに卓論高議をうけたまわり不敏ながら啓発され、その益は無量で言葉に述べつくせません。○海陸軍の調練を見てよく判り、不案内ながら感嘆にたえません。なおせいぜい今後も勉励したいとおもいます。○当地は僻遠の弊藩で、なんのご馳走もなくはなはだ失礼し、不都合なことのみでお気の毒のいたりと存じます。○昨年五カ国条約の勅許のあとに、なおこれまでの条約面について意見があれば申し出るようにと幕府から通達があったと思い、そのむねをパルクス君へ密話におよんだところ、その書面を見られたいそうなのでいろいろ探しましたが、なにぶん見当たりません。役人どもの記憶では京都の風聞を言ってきただけと思うよし。これについては松根圖書が江戸屋敷の櫻田出雲へ連絡しましたが、そこにも無いのではないかと考えられ、はなはだ約束違えとなり、恥じ入っている次第。しかるべくご伝声頼み入ります。○蝦夷地のロシア人の様子くわしく密示に預かりたいものです。○六月二八日に集合のパルクス君はじめ二三人の写真かつ名前ともども懇親会を忘れないために約束したとおりに送っていただきたきこと。○滞留中のアラキ粉骨苦労実に申すべきようもこれ無く、しみじみ忝《かたじけな》く拝謝しております。

杜甫の七言律詩「南鄰」

錦裡先生烏角巾
園收芋栗未全貧
慣看賓客兒童喜
得食階除鳥雀馴
秋水才深四五尺
野航恰受兩三人
白沙翠竹江村暮
相送柴門月色新

錦裡先生烏の角巾
園に芋栗を收めて未だ全く貧ならず
賓客を看るに慣れて兒童喜び
階除に食するを得て鳥雀馴る
秋水才（わづか）に深し四五尺
野航恰（あたか）も受く兩三人
白沙翠竹江村の暮
相ひ送れば柴門に月色新たなり

杜甫が揚子江のほとりに隠棲しているのを、貴人が野を越え、川を渡り、訪れてくる喜びを詩にしています。宗城も井伊直弼に隠居させられて鬱勃と田舎に隠棲しています。そこへ、イギリス人一行が巨船をならべて、やってきたのです。宗城は聡明な上に、勉強家だったと言われています。古今・東西の文物に興味を抱いたようです。

人名索引

人名索引凡例

1　本索引は本書（翻刻、現代語訳、脚注、補注、解説、解説注、付録）に登場する人名を五十音順に排列し、収録したものである。

2　人名表記は以下の原則に基づくこととした。

⑴「美作守」のように官名で登場する場合は、「→奥平昌邁」と名前を記し、「奥平昌邁」の項に記載した。

⑵「土佐藩主」のように姓名の記載がない場合は、「→山内豊範」と名前を記し、「山内豊範」の項で明示した。

⑶「大総督」のように官職・役職で表記されている場合でも、それが明らかに人物を表し、その人物名が明らかな場合は、「有栖川宮熾仁親王」と記し、「有栖川宮熾仁親王」の項に記載した。

⑷「東酉」のように、複数の人名を表している場合は、「東久世道禧」と「醍醐忠敬」に分けて記載した。

⑸ 収録した人物に変名や別名のある者は、（　）内に記載した。

⑹ 姓と名のいずれか若しくは部分的にしか表記されていない場合や、変名や別名で表記されている者に関しては別項目を設けて本名を「→　」で示した。

3　姓名の読み方のはっきりしない者は、音読みで記載した。

【人名索引】

【編纂者略歴】
近藤　俊文（こんどう・としふみ）
1932年生まれ。翻刻校注『伊達村壽公傳』、『伊達宗紀公傳』、『伊達宗城公傳』、『伊達宗城公御日記』、『伊達宗徳公在京日記』（創泉堂出版）など、元公益財団法人宇和島伊達文化保存会理事、宇和島歴史文化研究会会長。

【宇和島伊達家叢書⑨】
伊達宗城公御日記　「備忘手記」明治二己巳九月五日より同三庚午
―日本近代化の基礎を築く―

2024年7月31日発行
監　修　公益財団法人 宇和島伊達文化保存会
編　纂　近藤俊文
発行者　橋本哲也
発　行　有限会社　創泉堂出版
〒162-0808　東京都新宿区天神町64番　創美ビル2Ｆ
電　話・03-5225-0162
ＦＡＸ・03-5225-0172
印刷・製本　創栄図書印刷株式会社

ISBN978-4-902416-51-0 C3021 Printed in Japan

宇和島伊達家叢書　既刊案内

《宇和島伊達家叢書①》井伊直弼・伊達宗紀密談始末
藤田　正［編集・校注］
幕末の激動期に松平春岳（福井藩主）・山内容堂（土佐藩主）ともども活躍し、賢公の誉れ高い八代藩主・宗城が、井伊直弼大老をはじめ幕閣の画策によって、隠居に追い込まれるに至る顛末を克明に記録した未公刊史料である。
● A5 判並製・62 頁　●本体 1,500 円＋税　● ISBN：978-4-902416-24-4 C3021

《宇和島伊達家叢書②》伊達宗城隠居関係史料 ―改訂版―
藤田　正［編集・校注］・仙波ひとみ［改訂］
第一集の続編にあたり、宇和島伊達文化保存会所蔵史料の中から伊達宗城の隠居に関わる記録・書翰類を採録して、「伊達宗城隠居関係史料」「伊達宗紀・宗城宛井伊直弼書翰」「逸事史補関係史料」の三章構成で編集したもの。
● A5 判並製・80 頁　●本体 1,250 円＋税　● ISBN：978-4-902416-38-1 C3021

《宇和島伊達家叢書③》伊達宗城公御日記①　慶應三四月より明治元二月初旬
近藤俊文・水野浩一［編纂］
宗城が幕末、いわゆる四藩会議のために着坂した慶応 3 年 4 月 12 日に始まり、堺港攘夷事件が決着をみた慶応 4 年 2 月 13 日までの出来事を綴った直筆日記である。この時期に勃発した二大攘夷事件、神戸事件と堺港事件の克明な記録である。
● A5 判並製・122 頁　●本体 1,600 円＋税　● ISBN：978-4-902416-35-0 C3021

《宇和島伊達家叢書④》伊達宗城公御日記②　明治元辰二月末より四月迠 在京阪
近藤俊文・水野浩一［編纂］
京都で発生した攘夷派によるパークス英国公使襲撃事件によって、成立直後の維新政府は存亡の危機に立たされた。事態収拾の重責を担い奔走する宗城公の未公刊直筆日記の続編である。
● A5 判並製・112 頁　●本体 1,600 円＋税　● ISBN：978-4-902416-37-4 C3021

《宇和島伊達家叢書⑤》伊達宗城公御日記③　明治元辰四月末より六月迄 在京阪
近藤俊文・水野浩一［編纂］
鳥羽伏見の戦いのあと、宇和島藩の宗藩たる仙台藩はついに朝敵とされるに至る。本書は複雑な藩論をかかえ、深刻な焦燥感に苛まれながら、事態の打開策を必死に模索する宗城の激動の日々を浮彫りにする。本書はその前半期の様相を克明に記録。
● A5 判並製・140 頁　●本体 1,600 円＋税　● ISBN：978-4-902416-39-8 C3021

《宇和島伊達家叢書⑥》伊達宗徳公在京日記　慶応四辰七月廿二日より明治元辰十月十八日着城迄（御日記④）
近藤俊文・水野浩一［編纂］
宇和島藩の宗藩たる仙台藩はついに朝敵とされるなか仙台藩説得に奔走する宇和島伊達藩・宗城、宗徳父子の日々を浮き彫りにする。草創期維新政府と朝廷の素顔、幕末大名家一族の私生活、一藩主の旅行記としても、興味の尽きない内容である。
● A5 判並製・152 頁　●本体 1,800 円＋税　● ISBN：978-4-902416-43-5 C3021

《宇和島伊達家叢書⑦》伊達宗城公御日記⑤　明治元辰六月より十一月迄　在京
近藤俊文・水野浩一［編纂］
鳥羽伏見の戦いのあと、宇和島藩の宗藩たる仙台藩はついに朝敵とされるに至る。本書は複雑な藩論をかかえ、深刻な焦燥感に苛まれながら、事態の打開策を必死に模索する宗城の激動の日々を浮彫りにする。また、明治天皇東幸の知られざる一面に光を当てた。
● A5 判並製・104 頁　●本体 1,600 円＋税　● ISBN：978-4-902416-46-6 C3021

《宇和島伊達家叢書⑧》伊達宗城公御日記⑥　「備忘」明治二己巳暮春より
近藤俊文・水野浩一［編纂］
戊辰戦争の帰趨がほぼ決し、放置されていた外交、内政両面の懸案が一気に吹き出した。また新政府内における権力構造の変貌の時期。 難問の処理に尽瘁しながら、自身の出処進退にも苦慮する宗城の激動の日々が記録されている。
● A5 判並製・178 頁　●本体 2,000 円＋税　● ISBN：978-4-902416-47-3 C3021